Sprioc

Sprioc

Máire Ní Chéilleachair

Cló Iar-Chonnachta
Indreabhán
Co. na Gaillimhe

An Chéad Chló 1996

ISBN 1 900693 34 8

Léaráidí
John D. Horgan

Clúdach
Johan Hofsteenge

Dearadh
Foireann CIC

Faigheann Cló Iar-Chonnachta Teo. cabhair airgid ón g**Comhairle Ealaíon**

Clóchur: Cló Iar-Chonnachta Teo., Indreabhán, Conamara
Fón: 091-593307 Facs: 091-593362
Priontáil: ColourBooks Ltd, Baldoyle, Baile Átha Cliath 13

Réamhrá

An aidhm atá leis an gcnuasach seo ná spéis a mhúscailt sa nualitríocht trí dhánta agus sleachta próis roghnaithe as saothair éagsúla a chur i láthair an léitheora óig.

Tá an cnuasach seo oiriúnach do dhaltaí na sraithe sinsearaí san iar-bhunscoil nó d'fhoghlaimeoirí fásta ar suim leo nualitríocht na Gaeilge. D'fhéadfaí na dánta a úsáid mar chuid d'aonad teagaisc teanga san idirbhliain de réir na dtéamaí cuí nó d'fhéadfaí rogha a bhaint astu chun freastal ar riachtanais Shiollabas Gaeilge na hArdteiste – dánta roghnacha don Ghnáthleibhéal nó don Ardleibhéal. Mar an gcéanna leis an bprós.

Tugtar gluais nó foclóir de réir mar is gá chun gur fusa don léitheoir an t-ábhar a thuiscint ag an gcéad léamh gan mórán dua.

Tugtar na téarmaí cuí chun cabhrú leis an léitheoir dul i dtaithí ar theanga na léirmheastóireachta agus cur síos a dhéanamh ar dhán agus ar theicníc an fhile. Leanann ceisteanna tuisceana gach sliocht próis chomh maith le cíoradh ar théamaí agus ar phearsain an tsleachta. Luaitear comparáidí le dánta agus le sleachta eile próis chun forbairt a dhéanamh ar chumas machnaimh an léitheora. Tá téamaí comhaimseartha sna sleachta próis agus is féidir dhá thaobh an scéil a phlé agus a mheas i bhfoirm díospóireachta sa rang nó mar ábhar aiste.

Roghnaíodh amhráin choitianta i nGaeilge ó dhlúthcheirníní comhaimseartha mar chuid den chnuasach, chun go gcuirfí eolas ar an réimse seo den chultúr agus d'oidhreacht na teanga agus go mbainfí taitneamh as.

Cuirtear rogha leathan de dhánta, d'amhráin agus de phrós nua-aoiseach i láthair sa chnuasach seo a bhfuil téamaí cinnte iontu go léir agus réimse leathan mothúchán i gceist. Bain taitneamh astu!

Admhálacha

Ba mhaith le Cló Iar-Chonnachta buíochas a ghabháil le Coiscéim agus leis na filí cuí as cead a thabhairt na dánta a leanas a atáirgeadh;

'Maidin Shamhraidh i Nua-Eabhrac', 'Subway', 'Droichid Órga' agus 'Ar Ais as Meiriceá' ón gcnuasach *Oilithreacht i Nua-Eabhrac* le S.E. Ó Cearbhaill; 'Burtonport 23/11/1976' ón gcnuasach *Páipéar na Maidine* le Pádraig de Bhál, 'Claí Raithní' ón gcnuasach *Fá Shliabh Mis & Dánta Eile* le Pádraig Mac Fhearghusa; 'An Tincéir' ón gcnuasach *An Chéim Bhriste* le hÁine Ní Ghlinn; 'Sách agus Seang' agus 'M'fhear Ionaid' ón gcnuasach *Cleití na hAislinge* le Peadar Bairéad; 'Línte Tite' ón gcnuasach *Cantaic an Bhalbháin* le Colm Breathnach; 'Christy Ring' ón gcnuasach *An Bás i dTír na nÓg* le Seán Ó Tuama; 'Féach 1976' ón gcnuasach *Ar mo Shuaimhneas* le Domhnall Óg Ó Ceocháin; 'Oíche Chiúin' ón gcnuasach *Leaca Liombó* le Máire Áine Nic Gearailt; 'Impí' ón gcnuasach *Drúcht ar Chneas* le hAogán Ó Muircheartaigh; 'An tAingeal Báite' ón gcnuasach *An Tost á Scagadh* le Michael Davitt; 'Gríosú' ón gcnuasach *Thar Cholbha na Mara* le Deirdre Brennan; 'Amhrán na Seite' ón gcnuasach *An Spás á Ghlanadh* le Mícheál Ó Siochrú; 'Achainí' agus 'Cornchlár' ón gcnuasach *Dúrún* le Máire C. Holmes.

Gabhann CIC buíochas chomh maith le filí na ndánta agus le cumadóirí na n-amhrán seo a leanas; 'Lá Lúnasa i Londain', 'Meaig Cholm Mhóir' agus 'An Titanic' ón gcnuasach *Teachtaire Robeson* le Dónal Ó Colchúin (Cló Iar-Chonnachta 1993); 'Pilleadh an Deoraí' agus 'Coirnéal na Sráide' ón gcnuasach *Homecoming/An Bealach 'na Bhaile* le Cathal Ó Searcaigh (Cló Iar-Chonnachta 1993); 'Áth Luain' agus 'Chernobyl – Sellafield' ón gcnuasach *Guthanna i gCoill na Lon* le Brian Ó Baoill (Cló Iar-Chonnachta 1992); 'Ginmhilleadh' ón gcnuasach *Oráistí* le Gabriel Rosenstock (Cló Iar-Chonnachta 1991); 'An Leanbh Dall' ón gcnuasach *Chuireas Mo Líonta* le Micheál Ua Ciarmhaic (Cló Iar-Chonnachta 1993); 'Smacht' agus 'Caoch' ón gcnuasach *De Dhroim Leice* le Joe Steve Ó Neachtain (Cló Iar-Chonnachta 1990); 'Slán le Londain' le Ciarán Ó Flatharta (*John Beag; Tá an Workhouse Lán*, CICD 093); 'Tá Mamaí sa Chistin', 'Raifteirí san Underground' agus 'Tintreach agus Toirneach' le Tadhg Mac Dhonnagáin (*Raifteirí san Underground*, CICD 094); 'Preab san Ól' le Riocard Bairéad (móide véarsaí Béarla le Tadhg Mac Dhonnagáin) (*Raifteirí san Underground*, CICD 094); 'Cosúil Leat Féin' agus 'Daoine' le Seán Ó hÉanaigh (*Éinniú*, CICD 086); 'Cá raibh tú Aréir?' le Colm Mac Séalaigh (*Éinniú*, CICD 086); 'Dífhostaithe' le Colm Mac Séalaigh (*Croch Suas É*! Cló Iar-Chonnachta 1986); 'An Cailín Álainn' le Tomás

Mac Eoin, 'Cóilín Phádraig Shéamais' le Pádraig Ó hAoláin agus 'Is Tú mo Chiaróg' le Tadhg Mac Dhonnagáin (*Up Seanmhach*! Cló Iar-Chonnachta 1990); 'Óró 'Sé Do Bheatha 'Bhaile' le Pádraig Mac Piarais (*John Beag; Tá an Workhouse Lán* CICD 093); 'Tír na nÓg' le Mac Séalaigh/Ifan/Harpwood, 'Máirín' agus 'Na Mílte Bliain' le Barry Ronan (*Gaelcheol Tíre Phléaráca Chonamara,* CICD 108).

Buíochas freisin leis na húdair as cead an prós a leanas a atáirgeadh:

'Fagann Aoife an Baile' as *Dialann Chaoimhe* le Muireann Ní Bhrolcháin (Cló Iar-Chonnachta 1994); 'Timpiste i Londain' as *Deoir ón tSúil* le Micheál Ó Ráighne (Cló Iar-Chonnachta 1990); 'An Coimhthíoch Caol Dubh' as *An Coimhthíoch Caol Dubh* le Tina Nic Enrí (Coiscéim 1994); 'Lá Fhéile Stiofán' as *Cion Mná* le Pádraig Standún (Cló Iar-Chonnachta 1993); 'Fíniúna agus Fíon' as *An Traimp* le Diarmuid Ó Gráinne (Cló Iar-Chonnachta 1991); 'Fear Faoin gCrann' as *Fabhalscéalta* le Alan Titley (Cló Iar-Chonnachta 1995); 'Mac an tSagairt' as *Mac an tSagairt* le Micheál Ó Conghaile (Cló Iar-Chonnachta 1986); 'Amanathar' le Gabriel Rosenstock as *Sláinte!* (Cló Iar-Chonnachta 1995); 'Seanchas agus Creideamh san Iarthar' le Meta Uí Mháille as *Idir Mná* (Pléaráca Chonamara 1995); 'Cúis Gháire Chugainn!' as *Cleasaithe* le Nioclás Breathnach (Cló Iar-Chonnachta 1993).

CUID 1
FILÍOCHT

Cuid 1: Filíocht

Smaoinigh ar chathair Nua-Eabhrac. Cad iad na pictiúir a thagann chugat? Aerfort J.F.K. : Gairdíní Chearnóg Mhadison : Foirgneamh an Empire State : Dealbh na Saoirse : Central Park : Páirc na nGael : Droichead Brooklyn : Radio City : Wall Street : Broadway : McDonalds : Oileán Ellis.
Smaoinigh ar an aimsir, na spéirthithe, na daoine, na dathanna, an ceol, an bia, an traein faoi thalamh, an tacsaí buí, na tithe tábhairne, na hóstáin, na soilse san oíche, na siopaí, na daoine óga, na bóithre, an luas, na sceitimíní agus an flosc chun an tsaoil . . .

Bhreac S.E. Ó Cearbhaill, file, síos a smaointe freisin . . .

Maidin Shamhraidh i Nua-Eabhrac

S.E. Ó Cearbhaill

New York, New York;
grianmhar
glórmhar
crannmhar
órmhar; ...... *saibhreas ann*
samhradh sách ag rince
is saol óg, sómhar, glórach ...... *compordach*
ag gluaiseacht
le *carnival* na mótar
le *carousel* na bhfógraí
ag léimrigh leo go spleodrach ...... *go gealgháireach*
ag sníomh ...... *ag taisteal*
trí bhréidín na mbóithre
is ag imeacht thart
ag diúgadh
múchadh agus tart;
an bheatha féin ag déanamh bolg le gréin: ...... *ag sú na gréine*
na céadta sínte ann
ar na machairí i measc na gcrann, ... *páirceanna*
frámaithe ag na páláis draíochta ...... *spéirthithe*
ar íor na spéire órga timpeall
gan sos ná suaimhneas bóthair
ó mhaidin ghroí go tláith-thráthnóna
ach stad sa bheatha féin
Tír na nÓg
go gnách i réim;
rock is *roll* mar bheoir san aer
i New York, New York;
Mo chroí féin istigh ag léimrigh

fiche éigin bliain a d'éalaigh
uaim, an mhaidin sin –
mo chéad lá
i Nua-Eabhrac Nua-Eabhrac
maidin shamhraidh, maidin shamhraidh.

...... bhí mé óg arís

Ceisteanna Tuisceana

1. Cad iad na rudaí iontacha a chonaic an file ar a chéad lá i Nua-Eabhrac?
2. Cén fáth ar thug sé "Tír na nÓg" ar an áit?
3. Conas a ghlac sé leis an áit?
4. Luann an file glórtha éagsúla na cathrach. Cad iad?

Teicnící Liteartha

Líne as amhrán "New York, New York" atá sa chéad líne – fógra is ea é. Ansin tugtar ceithre fhocal ag cruthú smaointe an fhile ar a chéad radharc ar an gcathair mhór – an aimsir, an glór, an dúlra agus an saibhreas a bhaineann léi. Tá gach focal acu sin lán de bhrí.
Roghnaíonn an file focail speisialta chun atmaisféar na cathrach a chruthú – an "saol óg", "samhradh sách ag rince", *"carnival"* na mótar, *"carousel"* na bhfógraí, "bolg le gréin", "páláis draíochta ar íor na spéire", "gan sos ná suaimhneas bóthair", "*rock* is *roll* mar bheoir san aer". Cuireann gach líne pictiúr os ár gcomhair agus tá an-bhéim ar ghluaiseacht – "ag rince", "ag léimrigh", "ag sníomh trí bhréidín na mbóithre"," ag imeacht thart", "gan sos gan suaimhneas".
Tá béim ar an óige freisin agus ar an saol gníomhach a bhíonn acu. Tá an bheatha ar mire i Nua-Eabhrac ach Tír na nÓg a fheiceann an fhile ina stad sa phictiúr atá os a chomhair amach agus é frámaithe ag na "páláis draíochta ar íor na spéire".
Tá sé féin faoi dhraíocht ag an radharc agus sceitimíní na hóige air.

Cíoradh

1. Ar thaitin an dán seo leat? Tabhair trí chúis.
2. Ní luann an file aon locht ar an gcathair. An bhfuil sé sin réadúil, dar leat?
3. Cad atá i gceist le "bréidín na mbóithre"?

Léigh an dán seo agus líon na bearnaí;

Subway

S.E. Ó Cearbhaill

Huppity hup
i Nua-Eabhrac na Féile
an domhan is a mháthair
ag imeacht le chéile
i *subway* dúnta, dubh, gan aird
sairdíní brúite i gcannaí ——-
ag seoladh in éindí thíos faoin tsráid;
is na daoine thuas ag déanamh —-
i ngan fhios do shochraid na ndaoine beo
thíos go doimhin faoi chraiceann an talaimh
ina mílte 's ina mílte ag filleadh ———-:
daoine dubha is daoine buí
daoine bána is roinnt leath slí,
daoine ina ———-, daoine ina suí
i ngreim le greim ar chuile ní:
ar pholla, ar bhinse, ar ingearán
ar mhála, ar chóta, ar a gcuid ————
nár léadh fós go hiomlán;
daoine ag ———- i ngach uile threo
ar fhógraí, ar bhallaí, ar ghraifítí beo;
brúite le chéile, grua le grua
is is foscailteoir canna gach stáisiún:
scaoiltear na mílte amach le dua
is ———- arís an canna le slua.
Seo iad na daoine, ina mílte 's ina mílte
ag filleadh gan ——- ar theach is ar mhuintir;
ag filleadh abhaile i ndeireadh an lae
is ag smaoineamh an bhfuilid in am don —-.

Cíoradh

1. Cén sórt atmaisféir atá sa dán seo?
2. Cén t-am den lá atá ann? Cá bhfios duit?
3. Déan comparáid idir an dán seo agus an dán "Maidin Shamhraidh i Nua-Eabhrac".
4. Cén mothú a spreagann an dán seo ionat? Cé na línte a spreag an mothú sin?
5. Úsáideann an file meafar – "sairdíní brúite i gcannaí stáin". An dtaitníonn sé leat?
6. Dán duairc é seo. Cén teicnící a d'úsáid an file chun duairceas a chruthú, dar leat?

** Leagan iomlán den dán ar lth. 156*

Droichid Órga

S.E. Ó Cearbhaill

Síneann na droichid
ina dtuarcheathanna draíochta. ...... *boghanna báistí*
ó phointe go pointe
ina gcosáin dos na seangáin: ...... *feithidí beaga*
na daoine —
ag síor-leanacht
a gcuid smaointe
is ag imeacht go cinnte
ina mílte 's ina mílte
ar thóir tuilleadh maoine ...... *breis airgid*
thar na droichid a choíche ...... *gan stad*
ina mílte 's ina mílte
ó phointe go pointe.

Cíoradh

Tá teideal oiriúnach ar an dán seo. Tá na daoine ar thóir an óir gan stad agus téann siad thar abhainn á lorg. Tá clú agus cáil ar na droichid mhóra i Nua-Eabhrac – Brooklyn, George Washington, Verrazano Narrows. Tugann an file "tuarcheathanna draíochta" orthu agus na daoine chomh flúirseach leis na seangáin ag lorg breis airgid.

Ní luaitear ainm duine ná ainm áite sa dán seo ná ainm droichid – "pointe go pointe", "ina mílte 's ina mílte". Tá an chathair neamhphearsanta.

Déantar an turas céanna lá i ndiaidh lae ar son na cúise céanna, "ag síor-leanacht a gcuid smaointe", "a choíche", agus tá athrá ar an líne "ó phointe go pointe" chun é sin a léiriú.

Tá airgead an-tábhachtach i Nua-Eabhrac.

Ceisteanna

1. Cén mothú a spreag an dán seo ionat? Cén fáth?
2. An bhfuil gach cathair neamhphearsanta — cosúil le Nua-Eabhrac?

Ar Ais as Meiriceá

S.E. Ó Cearbhaill

'Bhí sé ceart go leor;
sea, do bhí,
ach anseo in Éirinn —'
arsa an tseanbhean ghroí
'muise, tá an saol níos éasca
i ngach uile shlí:
an saol sa lá
ar an gcéad urlár
ar ndóigh
is codladh istoíche
ar urlár a dó.'
'Ach cad déarfá
leis seo, a chroí,
dá mbeadh do leaba —
mar a bhí
(is Dia dhá réiteach!)
ar urlár
a tríocha a trí!'

...... *go bhfóire Dia orainn*

? Ceisteanna

1. Cé atá ag caint sa dán seo?
2. Cad atá i gceist le "gach uile shlí"?
3. Cá raibh cónaí ar an mbean sa dán, dar leat?
4. Déan comparáid idir an dán seo agus "Maidin Shamhraidh i Nua-Eabhrac."
5. Ar thaitin an dán seo leat? Cén fáth?

Lá Lúnasa i Londain

Dónall Ó Colchúin

Lá Lúnasa i Londain
Gan aon deifir orm
Ach ag breathnú ar na sluaite
Daoine buí, geal 's gorm,
Bhí siad ann as an bPacastáin
Ón Spáinn is as Peiriú
Bhí seanmhná ann ó Shingeapór
's fir óga ó Khatmandú,
Gach siopa, stór is óstán
Ins an gcathair seo, mo léan,
Bhí siad pacáilte go doras
Mar bhí lucht airgid i réim.

Ba ansin a casadh ógfhear orm
gan pingin rua ina láimh,
Ní raibh luach dí ná béile aige
Ná deis chun obair d'fháil. *...... seans*
Sheas mé deoch is thug mé béile dó *...... cheannaigh mé dó*
Is d'inis sé dom a scéal,
Gur fhág sé Éire bliain ó shin
Chun post a fháil dó féin.
Bhí neart airgid de léim aige *...... go leor .... go tapa*
Is cairde gan aon mhaith,
Chuir eolas ar dheoch is ar dhrugaí
Is anois tá sé gan rath.
Ach tá sé ar a bhealach abhaile
Go 'n tír seo 's a bhaile féin,
Is ní bhacfaidh sé le scéalta
Faoi airgead i dtíortha i gcéin.

? Léigh an dán thuas agus freagair na ceisteanna seo

1. Cén téama atá ann?
2. Cén sórt daoine a bhí le feiceáil i Londain?
3. Conas a chuaigh an fear óg ar bhóthar a aimhleasa?
4. Cén sórt duine é an file?
5. Cad a dhéanfaidh an fear óg sa bhaile, meas tú?

Meaig Cholm Mhóir

Dónall Ó Colchúin

Bean ag siúl go láidir
    Jeár ola go daingean ina glaic
A seál dubh timpeall a guailne
    Agus bróga canbháis mar chosaint ón sioc.
Turas don siopa lá geimhridh
    Tae agus siúcra faoin seál
Cipíní solais i gcomhair an lampa
    Agus im agus builín ar ball
I nGaillimh di lá, bhuail carr í
    Is d'fhág sínte í in ospidéal.
Cé nach raibh sí sa gcathair deich n-uaire
    Chuir an timpiste sin deireadh lena ré.

...... arán

? Ceisteanna Tuisceana

1. Cár chaith an bhean seo a saol? Cén sórt duine í?
2. Cad a tharla sa Ghaillimh di? Cén fáth, dar leat?
3. Tá contrárthacht idir líne a haon agus líne a 10. An bhfuil sé éifeachtach?
4. Cén mothú a spreagann an dán seo ionatsa? Cén fáth?
5. Déan comparáid idir an dán seo agus "Ar Ais as Meiriceá" le S.E. Ó Cearbhaill.

An Titanic

D. Ó Colchúin

Nach beag a cheap an sé scór bocht
Is iad ag fágáil Cóbh Chorcaí
Le dul ar bord an Titanic mór
Nach bhfeicfí go deo arís iad.
Bhí dhá mhíle ar bord nuair a d'imigh siad leo
Go New York i bhfad i gcéin, ... *Nua Eabhrac*
Ach ar an gcúigiú lá 'sea tharla an mí-adh
Bhuail an long cnoc oighir go tréan.
Bhí rúille-búille agus an-rí-rá
Mar bhí an Titanic ag dul faoi thoinn, ... *uisce*
Ní raibh a ndóthain bád le iad a thabhairt slán
Is báthadh míle cúig chéad duine.
Bhí cúpla fear a chuir orthu éadaí mná
Leithéid Ismay as Béal Feirste,
Is a d'éalaigh in Aibreán 1912
Ó bhás is báthadh truamhéalach. ...... *tragóideach*

? Ceisteanna Tuisceana

1. Cén scéal atá sa dán seo?
2. Cé na mothúcháin a spreag an dán ionat?
3. Cén fáth gur chuir fir éadaí ban orthu féin?
4. Scríobh ceannlínte nuachta faoin tragóid seo. 15-4-1912.
5. Bailigh eolas breise faoin Titanic.

Burtonport 23-11-1976

Pádraig de Bhál

Cloisim éamh na dtonn — *... caoineadh*
ar an ngaoth anocht;
feicim aghaidh súil-oscailte
An bháis ag stánadh orm;
cloisim caoineadh sna botháin — *... tithe beaga*
caoineadh na mara,
caoineadh na mban,
bean imithe le Dia,
le brón, le huaigneas.

Snámhann na coirp sa domhain-mhuir, — *... san fharraige*
cúigear a shlogais, — *... a sciob tú*
a ainmhí fhiáin,
nach craosach do ghoile! — *... ocrach*

Bhí tú séimh an samhradh seo — *... cineálta*
is sinne faoi dhó na gréine — *........ ag sú na gréine*
ag magadh fút go haerach.
Chaitheamar beatha leat —
chaithis ar ais chugainn é.
Bhí muinín againn asat,
beimid aireach i mbliana, — *...... cúramach*
a mharfóir — *...... mharaigh an fharraige cúigear iascairí*

*** Cúlra**

Caoineadh is ea an dán seo ar thimpiste farraige a tharla i 1976. Báthadh cúigear iascairí amach ó chósta Dhún na nGall.

! Cíoradh

1. Cad a chloiseann an file?
2. Cén fáth?
3. "Ainmhí fiáin" an fharraige anois. Cad a cheap an file an samhradh seo caite?
4. Cé na línte a léiríonn tuiscint an fhile ar chumhacht na farraige?
5. Ar thaitin an dán seo leat? Tabhair fáthanna.
6. Bailigh eolas breise faoin tragóid ó na nuachtáin ag an am.
7. Déan comparáid idir an dán seo agus "An Titanic" le D. Ó Colchúin.

Achainí

Máire C. Holmes

Is léir go raibh
míthuiscint idir
muid
agus Dia,
nó an té a chruthaigh
an cine daonna.
Níor theastaigh
lá ná oíche,
uaigneas ná brón,
troid ná achrann,
tinneas ná galar.

Séard a theastaigh
ná grá,
áthas agus sólás,
neart comhluadair,
agus aistear ar
an saol seo a
bheith treoraithe —
sula ndeachaigh
muid ar fad amú.
Ach d'fhreagair Dia
nó an té a chruthaigh
an cine daonna:
'Níl idir fás agus bás
ach am.
Níl idir dhaoine ach
an méid atá siad
sásta a roinnt.
Níl eadrainn
ach corp.
Bí ag faire —
ní hé an domhan
seo do bhaile.'

...... tá sé le feiceáil
...... sinn
...... rinne
...... na daoine
...... go leor cairde
...... turas
...... faoi stiúrthóir
...... ar strae
...... éirí mór

? Ceisteanna Tuisceana

1. Cad iad na rudaí nár theastaigh ón gcine daonna?
2. Cad iad na rudaí ba mhaith leo?
3. Cén fáth a ndeir an file go ndeachaigh na daoine amú?
4. Cén chomhairle a thugtar sa dán dúinn? An nglacann daoine leis sin?

Cornchlár

Máire C. Holmes

Sheas an <u>cornchlár</u>
san áit chéanna le
scór blian.
Tá beagán meirge ar
<u>chorrscian</u>,
níl aon scoilt ar
na cupáin <u>ársa</u>,
níor bhuail seanaois
na gloiní gearrtha.
Ach ní gá
na doirse a bheith
faoi ghlas.
Is faide a mhair an
cornchlár ná an té
a cheannaigh é.

Iontais ar fad atá
istigh sa chornchlár.

Is minic nach raibh ócáid
<u>sách</u> <u>maith</u>
chun aon rud a úsáid,
ach mar sin féin,
ba ghá iad a
choinneáil <u>snasta</u>
Fós, ag fanacht le
hócáid atá <u>chuile</u> rud
sa chornchlár.
Ar ócáid speisialta
úsáidtear an sceanra
airgid, gloine ghearrtha
agus cupáin ársa.
An gá go mbeadh an
cornchlár faoi ghlas?

...... cófra galánta

...... ar chúpla scian

...... sean

...... maith go leor

...... go deas gléghlan

...... gach

Grianghraf le Carol Lee

* Cúlra

Tá cófra galánta i seanteach agus é lán de ghréithe deasa le fada an lá. Úsáidtear iad ar ócáidí speisialta – stáisiúin, pósadh, tórramh nó nuair a thagann cuairteoirí. Tá bean an tí marbh anois ach tá an cófra faoi ghlas i gcónaí agus níor athraigh aon rud istigh ann.

? Ceisteanna Tuisceana

1. Déan cur síos ar na rudaí atá sa chornchlár.
2. Cén fáth nár úsáideadh go minic iad?
3. Cén fáth a mbíodh an cornchlár faoi ghlas fadó? Agus anois?
4. Tá stair ag baint le gach rud sa chornchlár. Cad iad na focail a léiríonn é sin?
5. Cé na mothúcháin a spreag an dán seo ionat agus cén fáth? Cumha, meas, fearg, trua?

Pilleadh an Deoraí*

Cathal Ó Searcaigh

Teach <u>tréigthe</u> roimhe anocht
Ar an tairseach, faoi lom na gealaí, <u>nocht</u>,
scáile an tseanchrainn a chuir sé blianta ó shin.

Do Pheigí Rose

...... *folamh*
...... *gan éinne ann*

* *Deoraí: duine atá ina chónaí i bhfad ó bhaile.*

* ! Cúlra agus Cíoradh

Chuir an fear seo crann sa ghairdín sa bhaile nuair a bhí sé óg agus tá an crann fós ann cé nach bhfuil éinne ina chónaí sa teach anois.
Tháinig sé abhaile oíche spéirghealaí agus bhí scáth an chrainn ar an tairseach go soiléir, ach ní raibh éinne ann chun fáilte a chur roimhe.
Níl sa haikú seo ach trí líne simplí atá lán le mothúcháin. Tá uaigneas san fhocal 'tréigthe' – smaoinímid ar na daoine a bhíodh sa teach – Cá bhfuil siad? – Marbh? Thar lear? San ospidéal? Tagann cumha orainn.
'An Tairseach' – téann tú thar tairseach isteach i saol an tí – seasann bean nó fear an tí sa doras ag fáiltiú romhat thar tairseach isteach in áit phríobháideach chairdiúil, chompordach. Tá an tairseach gan éinne anois mar tá an teach folamh, tréigthe.
Tugann scáile an chrainn an deoraí siar ar bhóthar na smaointe – agus samhlaíonn sé an lá a chuir sé an crann sin fadó.
Tá macalla i 'blianta ó shin' a mhúsclaíonn sruth smaointe ar a óige agus ar a mhuintir agus ar shaol an tí. Tá fuacht san fhocal 'nocht' agus mistéirí an dorchadais san fhocal 'scáile'. Siombail is ea scáile an chrainn de scáile an tsaoil fadó nach ann dó anois ach i gcuimhne an fhile.
Tá an dán seo an-ghonta ach cruthaíonn sé an 'teach tréigthe' dúinn agus spreagann sé cumha ionainn agus mothú láidir faoi imeacht aimsire agus faoi dhíbhuaine na beatha. Tá onamataipé san fhocal 'deoraí' – tá gol ann agus deora uaignis.

? Ceisteanna

1. Ar thaitin an dán seo leat? Cén fáth?
2. An bhfuil aon dán Béarla ar eolas agat a bhfuil an téama céanna ann?
3. Sampla maith de leabhar haikú is ea *30 Zen Haiku* le J.W. Hackett a d'fhoilsigh Cló Iar-Chonnachta. Iarr ar an leabharlann áitiúil cóip a ordú duit agus feicfidh tú samplaí breátha – i mBéarla agus i nGaeilge – dén dán trí líne sin ar a dtugtar an haikú.

Sa Bhaile

Pádraig Mac Suibhne

D'éirigh na cuimhní
ina rabharta* im chroí ...... *go flúirseach*
san iarthar tráthnóna inné,
nuair a chonac an seanteach,
na fiailí ag fás,
is gan currach ná bád ag an ché;
gach croí a rinne gáire
fá chreataí an tí ...... *faoi dhíon*
ar fán nó á thaoscadh sa chré. ...... *scaipthe nó marbh*

D'éirigh na cuimhní
le fearg im chroí
nuair a chonac le brón deireadh ré,
is chuireas mórmhallacht
ar chinniúint chlaon ...... *ar shaol bréagach*
d'fhág fáslaigh an tsamhraidh i réim. ...... *dream gan dúchas san áit*

* taoide nó farraige an-ard.

Téama

Thug an file cuairt ar iarthar na hÉireann agus chonaic sé seanteach tréigthe agus cé gan aon bhád. Bhí an tseanmhuintir marbh nó imithe ón áit. Chuaigh an file siar ar bhóithrín na smaointe agus tháinig fearg air nuair a thuig sé go raibh deireadh leis an seansaol san áit agus nach mbeadh ann feasta ach ionad turasóireachta agus ardmheas ar na 'fáslaigh'. Tá mothúcháin an dáin an-láidir – níl meas ag an bhfile ar an gcultúr iasachta atá ag na 'fáslaigh' ná ar na tithe saoire san áit.

? Ceisteanna Tuisceana

1. Cén pictiúr a chonaic an file san iarthar?
2. Cén fáth a raibh uaigneas air?
3. Tá fearg air – cén fáth?
4. Cé hiad 'fáslaigh an tsamhraidh'?
5. Cén teachtaireacht atá anseo do na polaiteoirí?
6. Ar thaitin an dán seo leat? Cén fáth.
7. Tá a lán tagairtí don dúlra sa dán seo. Cén tábhacht atá leo?
8. Caoineadh ar an seansaol atá sa dán seo. An bhfuil sé réadúil?
9. Déan comparáid idir an dán seo agus 'Pilleadh an Deoraí' le Cathal Ó Searcaigh.

Coirnéal na Sráide

Cathal Ó Searcaigh

Tráthnóna samhraidh agus sinn inár bpáistí	
chruinnímis le chéile inár mbaiclí	...... *grúpaí*
thart timpeall an chuaille teileagraif	...... *polla*
atá taobh le siopa an phoitigéara	
ar Choirnéal Uí Cheallaigh ar na Croisbhealaí	
le cuideachta a dhéanamh agus comhrá	...... *craic*
sula dtéimis isteach chuig na pioctúirí.	...... *pictiúir/scannáin*
Bhíodh an cuaille ag ceol go caointeach.	...... *brónach*
Amanta chuireadh mac an mheisceora,	
deora ina shúile is é ag amharc go santach	...... *féachaint*
ar na cógaisí leighis i bhfuinneog an phoitigéara,	...... *buidéil*
a chluas leis an chrann is deireadh go brónach	
gurbh í a dheirfiúr bheag féin	
a bhí istigh sa chuaille san ag éagaoin.	......*gol*
Sin breis agus fiche bliain ó shin anois	
is tá na páistí sin uilig i mbun a bhfáis	...... *fásta suas*
is a gcuid páistí féin ag éirí aníos,	
is ní bhíonn éinne ag coirnéal na sráide,	......*cúinne*
tráthnóna, ach mise is an cuaille teileagraif	
is bímid beirt ag caoineadh go cráite	......*brónach*
is ní leigheas poitigéara a bhéarfaidh faoiseamh.	

* Cúlra

Bhíodh crónán nó ceol brónach le clos ó na sreanga teileafóin agus bhíodh an file agus na páistí eile ag éisteacht leis ag cúinne na sráide ag bun an pholla teileagraif.

? Ceisteanna Tuisceana

1. Cad a bhíodh ar siúl ag an bhfile roimh dhul go dtí na pictiúir agus é óg?
2. Cad a deireadh mac an mheisceora?
3. Conas atá cúinne na sráide anois?
4. Tá a lán contrárthachtaí idir véarsa a haon agus véarsa a trí. Cad iad?
5. Tá pictiúr truamhéalach, brónach i véarsa a dó. Mac an mheisceora ag féachaint ar na buidéil leighis i siopa an phoitigéara – bhí leigheas ann dá dheirfiúr beag féin a bhíonn ag caoineadh – é ag féachaint 'go santach' ar an leigheas nach raibh le fáil ceal airgid is dócha. Bhí an file féin sona sásta ag an am ach thuig sé go raibh buairt róthrom dá aois ar mhac an mheisceora. Pioc amach na focail sa dán a chuireann an bhuairt sin in iúl.
6. Cén mothú atá sa tríú véarsa? Conas a chuir an file an mothú sin in iúl?
7. Cén fáth go luann an file an leigheas poitigéara sa tríú véarsa?
8. Déan comparáid idir an dán seo agus "Sa Bhaile" le Pádraig Mac Suibhne – dhá chaoineadh phearsanta agus shóisialta. Aimsigh 3 chosúlacht agus 3 dhifríocht eatarthu. Cén dán is fearr leat?

Claí Raithní

Pádraig Mac Fhearghusa

"Bliain eile 'tá gearrtha amach duit, a mhic," ...... *i ndán duit*
Arsa an Bás le Feirmeoir Mhuing a' Phúca;
A chuid talaimh má réitigh i nGarraí na Lice, ... *d'ullmhaigh*
Cárbh ionadh mo dhuine bheith cráite buartha! ...... *trí chéile*

Ach i gcomhair na bliana ní bheadh gan soláthar, ... *bia*
Cé ná caithfeadh mórán dá dhua leis an gclaí; ...... *trioblóid*
An freagra pras céanna 'ge ar mhac is ar mháthair ...... *tapa*
A bhí ag súil le falla níos fóisciúnaí. ...... *le cosaint mhaith ann*

"Déanfaidh scailp is raithneach cúis go breá ...... *cré*
Ó ná fuil le mairiúint agam féin ach bliain;
'Dé cúis a ligfinn d'aon chlaí mé a chrá, ... *cén fáth*
Nach cuma cad a dhéanfaidh an saol im' dhiaidh?"

Pé acu fíor bréag mo scéalsa, fógra bliana
Ní bheir an Bás uaidh ó shin do dhaoine. ...... *níor thug*

* Cúlra

Tá an dán seo bunaithe ar scéal béaloidis. Tháinig an Bás go dtí feirmeoir ag rá leis go dtiocfadh sé ag triall air i gceann bliana. Níor bhac an feirmeoir le claí daingean cloch a thógáil mar chosaint timpeall ar na barraí mar nach mbeadh sé beo ach bliain agus ba chuma ansin cad a tharlódh ar an bhfeirm.

? Ceisteanna Tuisceana

1. Conas a mhothaigh an feirmeoir faoin bhfógra ón mBás?
2. Cá bhfios duit gur chreid sé é?
3. An raibh aon cheacht sa scéal béaloidis do na daoine a chuala é, dar leat?
4. An gcreideann an file an scéal? Cá bhfios duit?
5. Uaireanta bíonn rabhadh ag daoine faoin mbás – taom croí, stróc, timpiste, ailse a ceansaíodh. Ní gá am cinnte chun fógra a thabhairt. An bhfuil an file ag magadh sa dán faoi na daoine simplí a chreid an scéal faoi fhógra an Bháis?

! Cíoradh agus Teicnící Liteartha

D'úsáid an file scéal béaloidis mar fhoinse don dán seo – dán éadrom ag plé le hábhar tromchúiseach. Is é an bás ár gcinniúint ach ar chóir dúinn ár saol a chaitheamh faoina scáth?

Tá contrárthacht sa dán seo idir an feirmeoir a bhfuil eolas aige i dtaobh uair a bháis agus na comharsana nach bhfuil. Tá dearcadh diúltach ar an saol aige agus níl suim aige sa saol a leanfaidh ina dhiaidh. Go hindíreach tagaimid ar smaointe an fhile faoi fhógra roimh bhás – b'fhearr gan an t-eolas a bheith ag daoine. B'fhéidir gur cheap an Bás féin gur drochphlean é mar nár thug sé aon fhógra bliana d'éinne ó shin!

Tá bráca an tsaoil mar théama ag rith tríd an dán seo – bíonn an duine i ngleic leis an saol i gcónaí. Féach na focail – "réitigh", "cráite", "buartha", "soláthar", "dua", "claí fóisciúnach", "déanfaidh sé cúis", "an saol im' dhiaidh". Fadfhulaingt an tsaoil agus faoiseamh an bháis ar deireadh. Níl aon tagairt do chreideamh sa dán. Fágfaidh an feirmeoir an saol ina dhiaidh. Úsáidtear an logainm 'Muing a' Phúca' agus ainm an phíosa talún 'Garraí na Lice', rud a thugann cuma na fírinne ar an scéal ó thaobh tíreolais – tharla sé in áit chinnte (go raibh teist na bpúcaí uirthi!).

Tá teideal an dáin siombalach freisin – 'Claí Raithní' – níl ann ach leithscéal – "déanfaidh sé cúis," mar gur cuma faoi.

Dán simplí é seo ach tá buncheisteanna fealsúnachta faoi cheilt ann. An fiú an saol a chaitheamh ar nós cuma liom faoi scáth an bháis? Nó ar chóir dul ar thóir na foirfeachta amhail is nach dtiocfaidh an bás choíche? Cad a cheapann tusa?

Áth Luain

Brian Ó Baoill

Nuair a fheicim plásóg fhéir
Ina giobal ag páipéar
Agus plaisteach bán,
Agus an chanáil
Breac le málaí, ... *daite*
Boscaí briste,
De bhruscar lán.
Nuair a smaoiním siar
Ar an sliabh,
Ar an dream a chaith
Ar a háilleacht
Salachar na bhfuíoll
Pléascann fearg gan smacht.
Tá an daoscar seo gan mhaith! ...... *slua garbh*

Téama

Truailliú na timpeallachta le bruscar téama an dáin seo. Tagann fearg gan smacht ar an bhfile nuair a fheiceann sé an phlásóg fhéir lán de pháipéir agus de mhálaí plaisteacha. Tá an chanáil cosúil le hionad bruscair. Cé atá freagrach as seo? An pobal go léir. Tá déistin ar an bhfile leo.

Ceisteanna

1. Cad deir an dán seo faoi Bhaile Átha Luain?
2. Cén sórt daoine atá ina gcónaí ann?
3. Cé na mothúcháin a spreag an bruscar in aigne an fhile?
4. Cé na mothúcháin a spreagann an dán ionatsa?
5. An mbeadh sé cothrom ainm do bhaile dhúchais féin a chur in áit 'Baile Átha Luain' mar theideal ar an dán seo? Cén fáth?
6. Scríobh litir go dtí an 'daoscar' gan mhaith agus inis dóibh faoi Chomórtas na mBailte Slachtmhara.

Chernobyl - Sellafield

Brian Ó Baoill

Á! bhí fís ag na daill faoin saol
Faoi scoilteadh eithneach gan bhaol,
Is ag magadh fúthu sin, le drochmheas,
A dúirt nárbh é seo ár leas.

... aisling ag daoine gan eolas iomlán
.. núicléach
... nach raibh sé go maith dúinn

Agus iontas na n-iontas go léir,
Titeann cith i ndiaidh ceatha ón spéir
de bhréaga, faoi scamaill gur léir
Gur den radaíocht iad, ar an bhféar.

... truailliú núicléach

Agus dúirt gach aon mhórpholaiteoir,
Is gach mangaire ollsantach gnó,
nach raibh ciall lenár n-imní, ná brí,
Gurb é seo, gan amhras, an tslí

... díoltóir an-santach

Ach faoi spéir atá eithneach, marbh,
An fharraige ina halltacht tharainn,
'Sí an ailse an duais, ní ár leas,
Agus gan aon éalú as.

...lán de thruailliú núicléach
... go scanrúil
... galar marfach an toradh

* Cúlra

Chernobyl : Sellafield – Dhá stáisiún núicléacha atá ag truailliú na timpeallachta. Tharla timpiste i Chernobyl sa Rúis 1986 agus rinne an truailliú scrios uafásach – Tá ailse ar leanaí óga sa cheantar anois agus tá a lán eagraíochtaí ag cabhrú leo. Bíonn grúpaí acu ar saoire sa tír seo gach samhradh.

Tá Sellafield suite sa Bhreatain Bheag agus 'Windscale' an seanainm a bhí ar an áit. Sileann dramhaíl núicléach isteach i Muir Éireann agus tá an mhuir sin agus an t-iasc an-truaillithe anois.

Cheap na heolaithe gur rud iontach an chumhacht núicléach ar dtús agus dúirt siad nár lean aon bhaol í. Tá an truailliú núicléach san aer, san uisce, sa bhia agus sna plandaí anois agus baol mór ann ó thaobh sláinte na ndaoine agus na n-ainmhithe. Táimid inár sclábhaithe ag an eolaíocht feasta.

? Ceisteanna Tuisceana

1. An bhfuil meas ag an bhfile ar na heolaithe? Cén fáth?
2. Cén toradh a bhí ar na bréaga?
3. Cén meas atá ag an bhfile ar pholaiteoirí?
4. Cén fáth nach bhfuil aon éalú ón tubaiste anois?
5. Cén mothú a spreag an dán seo ionat?

Faoileán

Michael Davitt

Thíos ar an trá,
Is an mhaidin ag pléascadh sa chuan,
Braithim an bás,
An púca im thimpeall go buan. ...... *i gcónaí*

Féach an faoileán uaibhreach, ... *bródúil*
Ina bhruscar ar charraig dhubh,
Cloisim amhrán uaigneach,
I saoirse na farraige.

Bhíodh sé ar snámh,
Go hard os cionn tonntracha bán'
Leath a sciatháin
Ó Bheanntraí go Dún na nGall.

Ach tháinig an bád ola seo
Trasna na farraige,
Is líon sé an cuan gleoite seo,
Le fual lucht an airgid. ...... *salachar/mún*

Féach an faoileán uaibhreach,
Ina bhruscar ar charraig dhubh,
Cloisim amhrán uaigneach,
I saoirse na farraige.

*Casta ar an gcaiséad amhránaíochta ag **Oisín** (Ossian, OSS CD 58)*

? Ceisteanna Tuisceana

1. Cén scéal atá á insint sa dán / amhrán seo?
2. Tá contrárthacht idir véarsa 3 agus véarsa 5. Cad é?
3. Tá athrá sa dán / amhrán – véarsa 2 agus 5. Cén éifeacht atá leis?
4. Ar thaitin an t-amhrán / dán seo leat? Cén fáth?
5. Déan comparáid idir é agus an dá dhán le Brian Ó Baoill.

An Tincéir

Áine Ní Ghlinn

Pingin, arsa an tincéir
ag trasnú na sráide
salachar ag glioscarnach
go righin ar a lámha,

Bhogas-sa mo lámha
as pócaí mo bhríste
lámha boga glana
mar shúil chait san oíche.

D'ardaigh sé a aghaidh
is d'fhéach orm go dána
a shúile ag lonrú
níos gile ná mo lámha.

Thugas dó na pingini
is d'iompaigh ar mo shála
chualas a bheannacht
i mo chluasa mar gháire.

...... greamaithe

? Ceisteanna Tuisceana

1. Cén scéal atá á insint anseo?
2. Tá contrárthacht idir an file agus an tincéir. Cén chontrárthacht í go díreach?
3. Cén tábhacht atá le súile an tincéara?
4. Níor labhair an file focal. An gcuireann sé sin ionadh ort?
5. Cén ceacht atá le foghlaim as an dán seo?
6. Léiríonn an dán seo difríochtaí móra idir nósanna imeachta ghrúpaí éagsúla sóisialta. Cad iad agus cad is cúis leo?
7. Tabhair liosta aidiachtaí ag cur síos ar an tincéir agus liosta eile ag cur síos ar an bhfile. Misniúil, cneasta, etc.
8. An leor pinginí a chaitheamh go dtí na daoine bochta ó am go chéile?

Sách agus Seang*

Peadar Bairéad

Suíonn sé ag bord liom,
An tAetópach óg,
Is stánann os ard
Ar phlátaí luchtaithe.
A bholg snasta, ata
Ag cnuimheacha an ocrais.
A shúile slogtha siar
I mogaill dhorcha.
A ghéaga loma, cnámhacha
Ag fógairt gorta is plá
A mhéirín ardaithe,
Do mo chúiseamh,
Do mo cháineadh,
Do mo chrá.

... lán go barr
... imithe
... poill
... aicíd / galar
... ag cur an mhilleáin orm

Le gach greim dá slogaim,
Luascann an cloigeann blaoscach,
Líonann na súile móra
Le deora ocrais,
Is leagann an gasúr lomnocht
A mhéirín cnapach
Ar théada mo dhaonnachta.

... cnámhach
... corraíonn sé mo chroí

Luíonn go marbhánta ciúin
Ar a chorraghiob,
É nocht, bolg-ata, maol,
Tréad cuileog
Ag iníor go corrach
Ar bhruacha a bheol,
Ar shleasa a shúl,

... scata
... ithe
... imeall
... ar thaobh

Agus gan ann an neart
A chrosfadh foghail
Ar chuileoga bradacha.

... stopfadh ionsaí

Ach istigh i linnte a shúl
Suíonn dínit chiúin a chine,
Dínit a chránn, a cheansaíonn
Croí cloiche na cruinne.

... a mhuintire
... a bhogann
... croí crua mhuintir an domhain

* *Sách agus Seang: Lán agus Folamh*

Téama

Is éard atá sa dán seo ná an tionchar atá ag íomhá de pháiste ón Aetóip atá ag fáil bháis den ocras ar aigne an fhile agus é ag suí chun béile. Tá go leor le hithe ag an bhfile agus cuireann an leanbh isteach ar a choinsias le gach greim a chuireann sé ina bhéal. Bhí an tionchar céanna ag íomhá an pháiste sin ar dhaoine eile ar fud an domhain.

Ceisteanna Tuisceana

1. Déan cur síos ar an leanbh ón Aetóip.
2. Cén tionchar a bhí ag an méirín tanaí?
3. Céard faoi na súile?
4. Cén fáth a luaitear na cuileoga?
5. Cén fáth a luaitear cine an bhuachalla seo?
6. Cá bhfaca an file an pictiúr seo den Aetópach óg?
7. Ar éirigh leis an bhfile an pictiúr a chruthú arís le focail dúinn sa dán seo?

Teicnící Liteartha

Luaitear súile an bhuachalla an-mhinic sa dán;
"Is stánann os ard" : "A shúile slogtha siar" : "I mogaill dhorcha": "Líonann na súile móra le deora ocrais" : "Tréad cuileog/Ag iníor go corrach ... Ar shleasa a shúl".
"Istigh i linnte a shúl/Suíonn dínit chiúin a chine".
Cuireann na súile mothúcháin an linbh in iúl.
Tá tionchar an ghorta le sonrú i ngach líne acu sin agus téann sé i bhfeidhm ar mhothúcháin an léitheora cé nár labhair an leanbh focal. Tá cur síos ar thionchar fisiceach an ghorta, leis, sa dán – an bolg ata, na géaga loma, é maol, gan neart ann, bagairt ar na cuileoga atá á ionsaí – an cloigeann blaoscach, an gasúr lomnocht, é ina luí go marbhánta ciúin ag fógairt gorta is plá. Tá an liostú seo an-éifeachtach. Éinne a chonaic tuairiscí teilifíse faoin nGorta san Afraic, tuigfidh sé cumhacht na radharc a bhí le feiceáil. Tuigfidh sé an chúis ar tháinig tocht ar Uachtarán na hÉireann, Máire Mhic Róibín, agus í ag labhairt le cruinniú na Náisiún Aontaithe i Nua-Eabhrac.
D'éirigh leis an bhfile an tAetópach óg a chruthú arís sa dán seo agus feicimid é le deora ocrais ina shúile agus a mhéirín ardaithe mar a chonaic an file é – "Do mo chúiseamh, do mo cháineadh, do mo chrá".
Spreagtar sinn an dínit a thabhairt ar ais dá chine.

Seanfhocal: Ní thuigeann an sách an seang.

Línte Tite

Colm Breathnach

Tá do ghuth chomh mín sin ar an nguthán
go ndéanaim iontas de chumas sreangán
tú a chur ag cogarnach isteach im chluais.

Deir tú liom go bhfuilir breoite
is teastaíonn óm cholainn tú a thógaint
go hómósach faoi thearmann mo bharróige

go luífeá seal im bhaclainn isteach,
go múirneoinn fríd na péine asat,
go sínfeá id chodladh ar m'uchtsa amach.

Ach eadrainn tá an chathair iomlán
is ní mór an chumhacht atá ag sreangáin,
ní aimsíonn mo chianphóg cúis do ghearáin
ach amháin i línte tite mo dháin.

...... clúdach

...... cúis an tinnis

Ceisteanna Tuisceana

1. Cé leis a bhfuil an file ag caint?
2. Cá bhfios duit go bhfuil siad i ngrá?
3. Cén draíocht a bhaineann le líne ghutháin, dar leis an bhfile?
4. Conas a deir an file linn go dteipeann ar an líne ghutháin dáiríre sa chás seo?
   (Níl ann ach sop in áit na scuaibe.)

Davis V. Higgins

Mícheál Ó Ruairc

tá
beirt
ag imirt
chluiche snúcair
ainniseoir toitíneach
is ea fear amháin acu
agus fear socair is ea an fear *... ciúin*
eile beirt níos éagsúla ní fhaca tú riamh
ó cruthaíodh an domhan seo – file fónta *... maith*
é Stiofán Dáibhis agus ní dhéanann sé riamh
botún ach cuireann sé gach focal ina phóca ceart
agus ní dhéanann sé faillí ar Uaim ná ar Mheadaracht
ach is file ar buile é Alsandar Ó hUiginn is raideann sé *... buaileann / ropann*
na focail i ngach uile áit ag gabháil ó cheann ceann an bhord
le luas lasrach agus cuireann a stoirm sheachtrach ríméad ar chách *... ón taobh amuigh ... áthas*
Stiofán agus Alsandar: An Fhilíocht Shiollach agus an tSaorvéarsaíocht *... filíocht de réir phatrún siollaí*
dís nach ngabhann le chéile ar chlár imeartha snúcair nó, faraor, san fhilíocht *... beirt ... mo bhrón*

* Cúlra

An Fhilíocht Shiollach: Filíocht a bhfuil rialacha dochta meadarachta ag baint léi maidir leis an méid siollaí sa líne agus línte sa véarsa. Bhí órnáidí speisialta le bheith i ngach líne – uaim mar shampla. Seo é an sórt filíochta a chum na baird in Éirinn tar éis blianta fada a chaitheamh ag foghlaim rialacha i scoileanna na mbard anuas go dtí an 16ú aois. Bhí na rialacha meadarachta níos tábhachtaí ná na mothúcháin.

A mhalairt atá i gceist sa tSaorvéarsaíocht. Tá rogha ag file é féin a chur in iúl pé slí is maith leis é agus scaoileadh lena racht nó lena mhothúcháin. Imreoirí mór le rá snúcair is ea Davis agus Ó hUiginn agus tá pearsantacht éagsúil ar fad acu ó chéile.

Tá Davis stuama agus imríonn sé go mall tomhaiste cosúil le Filíocht Shiollach agus tá Ó hUiginn teasaí, tobann lán de mhothúcháin agus is breá leis an lucht féachana nuair a ropann sé liathróid sa phóca. Scaoileann sé lena mhothúcháin gan rialacha cosúil le file a chleachtann saorvéarsaíocht. Ní réitíonn an dá shórt le chéile ag imirt snúcair ná i mbun filíochta.

Tuigtear filíocht Choincréiteach ar dhéantús filíochta a dhéanann aithris ar chruthanna – sa chás seo leagan amach na liathróidí.

? Ceisteanna Tuisceana

1. Cén cur síos a thugann an file ar na himreoirí snúcair?
2. Cé acu imreoir is fearr leat? Cén fáth?
3. Cad é do mheas ar an gcomparáid leis an dá shórt filíochta?
4. Féach an leagan amach atá ar an dán. An bhfuil sé éifeachtach? Cén fáth?
5. Ar éirigh leis an bhfile pearsantacht agus stíl imeartha Hurricane Higgins a chur inár láthair sa dán seo? Conas?

Christy Ring

Seán Ó Tuama

Do thriail sé an ní dodhéanta
formhór gach Domhnach ar an bpáirc,
is uaireanta rith leis.

Ar leathghlúin dó
teanntaithe i gcúinne
nuair las a shúil –
réamhchríostaí, leictreonach –
's gur dhiúraic an liathróid uaidh
thar trasnán,
chrith an t-aer le hiontas.

Nuair thug gan coinne
aon ráig ghlan fiáin
trí bhulc na bhfear
's gur phléasc an sliotar
faoi smidiríní solais
sa líontán
do liúigh an laoch
san uile dhuine.

Aon neomat buile amháin
in earr a ré
is é Cúchulainn
bhí 'na ionad
ar an bpáirc —:
d'at a chabhail
i radharc na sluaite,
do bholgaigh súil
's do rinc ar mire,
bhí cnagadh is cleatar,
liútar-éatar,
fir á dtreascairt,
fuil ag sileadh —
's nuair rop trí cúil isteach
bhí seandéithe Éireann uile
ag stiúrú a chamáin.

...... rud an-deacair
...... beagnach
...... d'éirigh
...... i bponc
...... seanlaoch
...... rop sé
...... rith/ruathar
...... bhéic
...... i ndeireadh
...... a chorp
...... chuaigh a shúil i méid
...... leagan

Dúirt bean os cionn a choirp
tráth a bháis anabaidh: ...... *tobann, míthráthúil*
'ba mhór an peaca é
an fear san a adhlacadh'. ...... *a chur san uaigh*

Ní féidir liomsa fós
Christy Ring a adhlacadh ...
Samhlaím é uaireanta
is é ar buanchoimeád,
sínte ar leac na honóra
i mBrú na Bóinne
is Aonghas Mac an Daghda á choimhdeacht ...... *ag tabhairt aire dó*
go dtí an leathuair bheag gach Geimhreadh
go soilsíonn ga gréine go hómósach
ar a chúntanós. ...... *aghaidh*

Ach ní fhéadfadh aoinne againne
a mhair faoi bhriocht ag Christy Ring ...... *draíocht*
é leagadh uainn go buan faoi ghlas ...... *é a dhearmad*
i measc míorúiltí na seanmhiotas —
mar, ó na míorúiltí
chonaiceamar dáiríre
is a chúntanós faoi loinnir ...... *solas*
formhór gach Domhnach
Geimhreadh is Samhradh
ar an bpáirc.

*** ! Cúlra agus Cíoradh**

Laoch mór iománaíochta ab ea Christy Ring a d'imir ar fhoireann Chorcaí ó 1924 go 1963.

Fuair sé bás tobann. Ní féidir leis an bhfile dearmad a dhéanamh ar an iománaí sin a chuir na sluaite faoi dhraíocht gach Domhnach ar pháirc na himeartha.

Bhí Christy Ring cosúil le Cúchulainn, laoch de chuid na Craoibhe Rua i gCúige Uladh roimh aimsir Chríost. Thagadh athruithe fisiceacha air le linn catha – riastradh – agus cheap an file go dtagadh na hathruithe céanna ar Christy Ring le linn cluiche iomána.

Úsáideann an file cur síos ar laochas chun atmaisféar an tslua a chruthú. Bhí ardscil ag Christy Ring – fiú dá mbeadh sé i sáinn agus é timpeallaithe ag iománaithe na foirne eile, bhriseadh sé amach orthu go míorúilteach agus chuireadh sé an sliotar sa líon go tobann.

Laoch páganach é cosúil le Cúchulainn agus na seandéithe páganacha ag cabhrú leis. Bhí sé an-chruinn ag aimsiú an chúil cosúil le diúracán leictreonach á threorú go heolaíochtúil, nua-aoiseach.

Féach ráiteas na mná os cionn a choirp – labhair sí thar ceann chách, an file san áireamh. Ba mhaith leis an bhfile Christy Ring a bheith beo i gcónaí – déanann sé tagairt don Fhiannaíocht chun a mhothúcháin a chur in iúl. Ba mhaith leis an laoch a bheith ar coimeád go deo i mBrú na Bóinne agus Aonghas Mac an Daghda ag tabhairt aire dó. Ba é Aonghas athair altrama Dhiarmaid Ó Duibhne, agus nuair a fuair Diarmuid bás, thóg Aonghas ar ais é go dtí Brú na Bóinne agus chuir sé anam aerga ann. Ní fhéadfadh Aonghas glacadh le bás Dhiarmada – laoch mór na Féinne, fear dathúil a raibh na mná go léir i ngrá leis – ba mhór an peaca é a adhlacadh.

Le caoinchead ***The Examiner***

? Ceisteanna Tuisceana

1. Déan cur síos ar na míorúiltí iomána a dhein Christy Ring, dar leis an bhfile.
2. Cén chosúlacht a bhí idir é féin agus Cúchulainn?
3. Cé na mothúcháin atá sa dán seo?
4. Ar thaitin an dán leat? Cén fáth?
5. Bíonn laoch de shaghas éigin ag cách. Is deacair glacadh lena mbás – James Dean, Elvis Presley, Ghandi, Jimmy Hendrix, Kurt Cobain, Freddie Mercury, Buddy Holly, Phil Lynott, Ayrton Senna, John F. Kennedy, An Mháthair Treasa. Scríobh nóta faoin laoch atá agat féin.
6. Bailigh eolas faoi Christy Ring.

M'fhear Ionaid

Peadar Bairéad

M'fhear ionaidse tagtha ar an bhfaiche, *...... ar an ngort*
É gléasta is éidithe don ghleo, *...... cluiche*
Le m'ionadsa ar an bhfoireann a líonadh *...... áitse*
Nuair a shéidfidh an réiteoir feadóg.

Níl fós aige focail nó véarsaí
Do dhráma dothuigthe an tsaoil, *...... casta*
Níl fós aige cleachtadh nó taithí
Ar chluiche cam casta na mblian.

Ach foghlaimeoidh imirt is beartú *...... cleasa*
Is aisteoireacht chasta gan smál *...... locht*
Nuair a scríobhfaidh an réiteoir úd m'ainm
Ar fhód dubh doscriosta mo bháis.

Tá mo gharmhacsa tagtha ar an bhfód chugam
Le m'ionad a líonadh gan dua,
Le m'áitse a ghlacadh is a líonadh
I gcluiche dothuigthe na nglún.

M'fhear ionaidse tagtha ar an bhfaiche,
É gléasta is éidithe don ghleo,
Giodamach, fuinniúil, sásta, *...... aerach*
Ag faire taobhlíne an cheo.

Nuair a ghlaofaidh an réiteoir úd m'ainm,
Ag deireadh mo laetha is mo ré,
Tiocfaidh m'fhear ionaid im áitse
Is imreoidh an cluiche mar mé.

M'fhear ionaidse tagtha ar an bhfaiche,
É gléasta is ullamh don ghleo,
Glacfaidh an gasúr seo m'ionad
Nuair a shéidfidh an réiteoir feadóg.

Cúlra

Tá an file ag labhairt go meafarach sa dán seo. Cluiche is ea an saol. Tá fear ionaid aige féin anois mar a bhíonn ag imreoirí i gcluichí spóirt. Seanathair atá ag caint agus is é a gharmhac an fear a thiocfaidh ina áit nuair a shéidfidh an réiteoir an fheadóg. Is é an réiteoir an bás.

Ceisteanna Tuisceana

1. Cén cur síos a thugann an file ar a gharmhac?
2. Cad tá i gceist le 'cluiche dothuigthe na nglún'?
3. Tá bród ar an bhfile as an bhfear ionaid. Cén focail sa dán a chuireann é seo in iúl?
4. An mbeidh an buachaill óg sásta leis an ról atá leagtha amach ag a sheanathair dó?
5. Ar thaitin an dán seo leat? Cén fáth?

Féach (1976)

Domhnall Óg Ó Ceocháin

'An bhfaca tú Seán Ó Ríordáin ar an dteilifís aréir?'
Arsa m'iníon liom go grámhar 's í ar cuaird agam inné.
'Do chonac,' a dúrt le háthas, 'is nár dhiail an stím a bhí fé
Ag léamh amach na ndánta ina leabaidh ospidéil
D'ainneoin a ghiorranáile is más fíor a ndeir na ráflaí
an bás a bheith 'na ghaobhar'.
'Ní hiad,' ar sí, 'na dánta is mó a tharraing m'airdse
Ach an peidhre breá *pyjamas* a bhí air is é á léamh'.

... ag teacht go luath

* Cúlra

Clár teilifíse cúrsaí reatha i nGaeilge ab ea *Féach.* Rinne siad clár faoin bhfile Seán Ó Ríordáin a bhí san ospidéal i gCúirt an tSáirséalaigh in aice le cathair Chorcaí. Bhí múchadh ar an bhfile – galar scamhóg – agus bhíodh giorranáil air. Léigh sé roinnt dánta ar an gclár óna leaba san ospidéal.

? Ceisteanna Tuisceana

1. Cén difríochtaí a bhí idir an cailín seo agus a hathair?
2. Cad a léiríonn an dán seo faoin teilifís mar mheán cumarsáide? ('The medium is the message' – Marshall McLuhan.)
3. Ar thaitin an dán seo leat? Cén fáth?
4. An bhfuil aon dán ar eolas agat a scríobh Seán Ó Ríordáin? Cén téama atá ann? Ar thaitin sé leat? Cén fáth?

Ainm

Gabriel Rosenstock

Casadh orm Giúdach
A raibh a ainm agus a shloinne glandearmadta aige –
D'athraigh sé chomh minic sin é.
Bíonn deacrachtaí aige ag na *cleaners* –
An Blumenfield inniu é
Nó Field
Nó Harry Bloom
Nó cé sa diabhal atá ag lorg a chuid éadaí ar ais?
Tá ainm air sa Chumann Gailf
Agus ainm eile fós sa tsionagóg.
Níor fhiafraíos de faoin chlann mhac
Nó cad a ghlaoitear ar a gclann siúd
Ach nuair a d'fhágas slán aige
Bhraitheas go rabhas ag croitheadh lámh le slua.

? Ceisteanna

1. Smaoinigh ar d'ainm féin. Cad a chiallaíonn sé?
2. Cén tábhacht atá le ainm a bheith ar dhuine?
3. Cén fáth a mbeadh ainmneacha éagsúla á n-úsáid ag duine?
4. Uaireanta oireann ainm do phearsantacht an duine. Tabhair samplaí.
5. Ar thaitin an dán seo leat? Cén fáth?

Oíche Chiúin

Máire Áine Nic Gearailt

Oíche chiúin
Ciúin!
Oíche Mhic Dé
Oíche an óil, oíche an ragairne, *...... oíche na meisce*
Oíche an uaignis, oíche na ndeor.

Cách 'na suan
Cách as a gcéill. *...... ar deoch*

Dís araon *...... beirt / lánúin phósta*
Dís ag gabháil a mbealaigh féin,
Dís ag scaradh, dís ag áiteamh, *...... ag argóint*
Dís ag bascadh a chéile. *...... batráil*

Dís is dílse 'faire le spéis,
Dís nach dílis 'faire le spéis
Ar chúrsaí a naimhde i dtíortha i gcéin,
Nó go tur ar an aonarán taobh leo. *...... gan suim*

Naíon beag gnaoi-gheal, ceannanntais, caomh,
Naíon beag marbh, i mbroinn a bhí baoth, *...... simplí*
Ag scian nó ag snáthaid,
Gan cead ar an saol.
Naíonra na bhFlaitheas, ná tuigfidh an scéim *...... plean*
A bhí idir lámha ...

Críost 'na chodladh go séimh, *...... cneasta*
Críost 'na dhúiseacht i bpéin
Ag breathnú ar Bheithil,
Áit a raibh stábla ...

Aoirí ar dtús 'chuala an scéal.
Is fada é gafa ó bhéal go béal;
Ní maith lena dhaoine trácht air.

Alleluia, Aingil ag glaoch,
Alleluia, bímis ag glaoch
Ag bodhradh a chéile le ceol dá leithéid
Déantar go rialta é ar aon dóigh!

Cantain shuairc i ngar is i gcéin,
Fothram gan faoiseamh, i ngar is i gcéin,
Buamaí faoi thalamh,
Iliomad roicéad,
Gloiní á gcnagadh is gíoscán na ndéad
Ag ceiliúradh buile Págánaí.

Críost ár Slánaitheoir féin,
Sinne a shlánaíonn sinn féin!
Le meabhrú is gliocas,
Le toitcheo is nimh,
Le *Lotto* na sainte
Le mórbharraíocht luibh,
Le *míniú na beatha*, gan tuiscint ar bith
Nuair a nochtar taobh tuathail an éithigh …

Oíche chiúin –
Ná bíodh sé mar sin!
Ar son Dé
Ná bíodh sé mar sin …

... binn
... glór
... iomarca
... glór na bhfiacal
... féasta aerach gan dia ar bith
... ní gá dúinn Dia
... a lán leigheasanna
... fírinne an scéil

* Cúlra agus Bunábhar

Tá an dán seo bunaithe ar an duan Nollag – *Oíche Chiúin*. Sa duan seo tá síocháin ar talamh gan troid ná achrann agus Críost ina chodladh go séimh agus ceol na nAingeal os a chionn go binn. Suíomh simplí atá i gceist – sa stábla i mBeithil agus Muire agus Iósaf go dílis ag tabhairt aire don leanbh Íosa. Déanann an file machnamh ar gach líne den duan Nollag, ag cíoradh gníomhaíochtaí ár linne féin an oíche bheannaithe sin.

Luaitear fadhbanna sóisialta na tíre – an t-ólachán, an t-uaigneas, an foréigean, an pósadh briste, an ginmhilleadh, easpa creidimh, ceol agus glór gan sos, buamaí agus cogadh agus arm núicléach, toitcheo agus saint an ábharachais agus bréaga ár gcur amú ó thaobh moráltachta. Guíonn sí go gcuirfí deireadh leis na fadhbanna seo ar fad agus go mbeadh oíche chiúin againn dáiríre Oíche Nollag.

? Ceisteanna Tuisceana

1. An aontaíonn tú leis an méid a deir an file sa chéad seacht líne den dán seo?
2. Cén fáth a ndeir sí 'oíche na ndeor'?
3. Cén fáth a bhfuil Críost i bpéin ag féachaint ar Bheithil?
4. Cáineann sí ár ndearcadh ar an saol agus na bréaga a nglacaimid leo. Cad tá i gceist aici?
5. D'úsáid an file contrárthacht i ngach véarsa den dán seo idir an duan Nollag agus an saol réadúil. Ar oibrigh an teicníc seo?
6. D'úsáid sí liosta íomhánna i línte 8-11 agus 40-45. Conas a chuaigh na línte sin i bhfeidhm ort?
7. Déan comparáid idir an dán seo agus an dán 'Chernobyl – Sellafield' le Brian Ó Baoill.

Gríosú*

Deirdre Brennan

Deich mbliana ag broic le foréigean uaidh ...... *ag cur suas*
Eagla uirthi súil a dhúnadh
Ón uair a bhagair sé
Go maródh sé ina codladh í.
Oíche i ndiaidh oíche curtha di
An croí scanraithe inti
An t-anam ag téaltú aisti ...... *ag sleamhnú*
Is é ag déanamh smúsaigh di ...... *á bualadh*
Ag tabhairt bharr na bróige
Is langaire a bhoise di. ...... *buille*

Dúirt sí lena cara lá
'Táimse chun é a mharú.' Agus dhein.
Rop sí scian go feirc ina bholg ...... *go cos*
Lá geal earraigh,
Dríodar bricfeasta
Ina fhudar fadar ar bhord na cistine
Is é á fholathachtadh ...... *á mharú*
Leis na *tights* a nigh sí an oíche aréir.

'Seo, seo,' arsa an breitheamh i gcúirt dlí
Ag cur príosún saoil uirthi,
'Cén fáth nár shiúil sí amach?
Cén fáth nár rith sí suas staighre?' ar seisean.
'Cén fáth ar chuir sí faobhar ar scian roimh ré?
Ní féidir linn nós a bhunú
A ligfeadh dos na mná
Ceart a bhaint amach le lámh láidir. ...... *foréigean*
Is le mailís réamhcheaptha ...... *pleanáilte*
A dhein sí an gníomh seo
Is gan amhras tá sí ciontach.'

* *Gríosú = Briogaireacht*

? Ceisteanna Tuisceana

1. Cén scéal atá sa dán seo?
2. Cad a cheap an breitheamh? Cén fáth?
3. Cén teachtaireacht faoi mhná atá sa dán?
4. An aontófá leis an mbreitheamh? Cén fáth?
5. Ar éirigh leis an bhfile sinn a chur ag machnamh faoin scéal sa dán seo?
6. An bhfuil aon tábhacht le teideal an dáin?

Ginmhilleadh*

Gabriel Rosenstock

Pictiúr eile fós nár críochnaíodh
Fágtha ag Cézanne sa ghort
Lasmuigh d'Aix-en-Provence

Úlla caoine Cézanne ag lobhadh go mall
Cleití na n-éan géim
A gcruth is a ndath á dtréigean ...... *ag imeacht*

Spéir Cézanne ag éirí modartha ...... *dorcha*

Sileann an canbhás
Deora na beatha nár tugadh dó .. *tá an canbhás ag gol toisc nach bhfuil pictiúr ola air*

Ginmhilleadh = gin a scriosadh sa bhroinn

Téama

Déanann an file cur síos ar ghin nó páiste na samhlaíochta nár críochnaíodh riamh nó nár tugadh beatha ar chanbhás dó. Thosaigh Cézanne an pictiúr – siombail na beatha – úlla agus éin mar chuid de agus an spéir. Agus é fágtha ansin sa ghort, cailleann an pictiúr pé beocht a bhí ann agus ritheann na dathanna – faoi mar a bheadh an canbhás ag sileadh na ndeor.

Cúlra

Péintéir cáiliúil ba ea Paul Cézanne, 1838-1906. Rugadh é i Aix-en-Provence sa Fhrainc agus is ann a fuair sé bás tar éis blianta fada a chaitheamh i bPáras agus in áiteanna eile sa tír ag péintéireacht. Fuair sé aitheantas idirnáisiúnta tar éis taispeántas dá shaothar i bPáras 1895. Ba mhinic a scriosadh sé pictiúr nár chríochnaigh sé. D'úsáid sé dathanna láidre sna pictiúir – radhairc tíre agus ábhar neamhbheo.

D'eascair an stíl chiúbach, a chleacht Picasso níos déanaí, as stíl Cézanne.

Féachaimis ar theideal an dáin – 'Ginmhilleadh'. Úsáidtear an téarma 'ginmhilleadh' nuair a chuirtear deireadh leis an ngin atá ag forbairt sa bhroinn. Ní fhásann an ghin lasmuigh den bhroinn.

Tá an dá léamh ar an dán seo –
gin na samhlaíochta nó an pictiúr ar chanbhás nár thug Cézanne chun foirfeachta, nár thug sé beatha dó, agus an ghin sa bhroinn a milleadh agus an mothú folúis toisc nár tugadh beatha dó.
Seasann an pictiúr don ghin sa bhroinn, an canbhás don mháthair. Cézanne an té nár thug seans don ghin sa bhroinn beatha dá chuid féin a bheith aige.

D'éirigh le Rosenstock an dá rud a thabhairt le chéile sa dán seo. Bheifeá ag súil go mbeadh cion ag Cézanne ar phictiúr dá chuid féin agus nach bhfágfadh sé sa ghort é ag lobhadh. Bhí rian Cézanne – úlla, an spéir agus an dúlra – ar an bpictiúr. Bheadh an pictiúr ar crochadh i ndánlann éigin ina dhiaidh ach níor thug sé beatha dó. Cén fáth ar thosaigh sé air mar sin?
Sin é mar a bhíonn ag an leanbh sa bhroinn nuair a dhéantar ginmhilleadh.

? Ceisteanna Tuisceana

1. Cá bhfios duit go raibh an pictiúr scriosta?
2. Cé na gnéithe foirfe a bhí ann i dtosach?
3. Cad iad na focail a chuireann an scrios in iúl?
4. Ar thaitin an dán seo leat? Cén fáth?
5. Déan comparáid idir an dán seo agus línte 16-21 sa dán 'Oíche Chiúin' le Máire Áine Nic Gearailt.

Impí

Aogán Ó Muircheartaigh

Táim tagaithe chun coinlíochta is	*... fásta suas, ábalta aire*
Séanaim bhur gceart	*... diúltaím*
Chun mo chuibhrithe.	*... mé a smachtú*
Ainneoin an ghréasáin	*... cé gur thóg sibh cosaint*
A fíodh chomh dlúth	*láidir timpeall orm*
Ó d'ólas an bainne cíche	*... ó d'ól me bainne mo mháthar*
Réabfad bhur gceangail	*... sracfaidh mé*
Agus glacfad gach áis	*... seans*
Chun saoirse.	
Éireod feasta	
De racht uaibh —	
Raghad i mbun mo shaoil	
Gan beann oraibh.	*... aird*
Ní háil liom bhur reacht	*... rialacha*
Bhur smacht	
Ná teanntaigh a thuilleadh mé	*... ná cuir stop liom feasta*
Impím.	*... iarraim oraibh*
'Bhreá liom éirí ar nós an éin	
Go hard, go fiain, le faobhar	*... le fuinneamh/le dúil*
Is eitilt liom i dtreo mo ghréine.	*... m'aislinge*

Téama

Duine óg, déagóir b'fhéidir, atá ag caint sa dán seo – ag labhairt lena thuismitheoirí, is dócha. Dar leis, tá sé fásta suas anois agus níor chóir go mbeadh smacht acu sin air á cheangal síos. Thosaigh na rialacha nó na coinbhinsiúin seo agus é ina pháiste ar bhrollach a mháthar ach brisfear gach ceangal anois go tobann ar son na saoirse. Beidh réabhlóid ann i gcoinne na dtuismitheoirí agus rachaidh an déagóir i mbun a shaoil féin, saor óna smacht siúd.

Teicnící agus Cíoradh

Friotal láidir gonta atá sa dán seo – gach focal lán de bhrí. Tá friotal na daoirse ann – cuibhriú, ceangail, teanntú, gréasán a fíodh, racht, smacht – agus é sin i gcodarsnacht le friotal na saoirse – gan beann oraibh, éirí ar nós an éin, go hard, go fiáin, le faobhar.

Tá an aoisdeighilt le brath sa chéad líne – 'Séanaim bhur gceart chun mo chuibhrithe' – cruthaítear atmaisféar naimhdeach anseo le 'séanaim' ar thaobh amháin agus 'ceart' ar an taobh eile. Tá frustrachas an déagóra sna focail sin agus a thuiscint ar smacht/treoir na dtuismitheoirí. Tá sé i bpríosún, i ngéibheann agus a neamhspleáchas á dhiúltú dó.

Is beag a mheas ar chúram na dtuismitheoirí á chur ar bhóthar a leasa ó rugadh é. Laincis atá i gceist agus tá an focal 'réabfad' an-oiriúnach chun easpa foighne a chur in iúl. Tá fearg agus scrios san fhocal sin mar atá in aigne an déagóra. Tá an fhearg seo le brath sna focail 'Éireod feasta de racht, gan beann oraibh: ná teanntaigh a thuilleadh mé'. Tabhair faoi deara gur scrios, diúltú nó ordú i gcoinne na dtuismitheoirí gach briathar go dtí seo sa dán. Tá buaic na mothúchán san aon fhocal amháin ar líne 17, 'Impím'. Tá an easpa tuisceana agus an frustrachas cnuasaithe san fhocal sin.

Tá an duine óg sáraithe agus tá sé sin le brath san impí. Tá an dán drámatúil go dtí an pointe sin, lán de réabhlóid. Sna línte deireanacha cuirimid aithne ar an déagóir trína aislingí. Dá mbeadh sé saor cosúil leis an éan . . . Tá beagán den íoróin sna línte seo – chuirfeadh an duine óg a chuid fuinnimh amú le barr baoise. Smaoinigh ar Icarus a rinne sciatháin as céir dó féin agus a chuaigh ag eitilt i dtreo na gréine!

Canúint na Mumhan atá sa dán seo –

Réabfad = réabfaidh mé
Éireod = éireoidh mé
Raghad = rachaidh mé

Ceisteanna

1. Cé na mothúcháin atá sa dán seo?
2. Ar thaitin an dán seo leat? Cén fáth?
3. Cad iad na rudaí is mó a chuireann isteach ar dhéagóir maidir le smacht?
4. Is mó sórt smachta ann: teanntú fisiceach agus teanntú smaointe. Cé acu is measa?

An tAingeal Báite

Michael Davitt

Sara raibh an bhliain slán agat
Bhíodh greim an aingil bháite gan sos agat
Ar bhlaincéad beag cliabháin.
'Beaigí' a thugais air nuair a tháinig an chaint,
Is bhí do bheaigí ina naprún, ina thuáille,
Ina dhlúthchéile leapan agat
Is ní scaoilfeá leis ar t'anam,
Is d'éirigh salach bréan
Le boladh bainne is bolaithe géara eile. *... cúpla boladh gránna*

Thriaileamar tuáillí is rugaí is blaincéadaí beaga eile
A mhalartú leis faid a dhéanfaimis *... a athrú*
Do bheaigí beag bréan a ní, *... salach*
Ach b'ionann agus leathshúil a stoitheadh *... tharraingt*
As do cheann é a sciobadh uait. *... ghoid*

Chuardaíomar an chathair do bheaigí
Dá mhacasamhail is fuair ar deireadh *... dá shórt*
Agus ghlacais leis mar pháirtí ceana,
Ag scaoileadh do ghreama den earra truaillithe *... rud salach*
A fágadh ar maos lae *... in uisce ar feadh an lae*
Sarar bhain an níochán amach.

Ach i lár na hoíche agus é ar líne amuigh
Faoi dhíle báistí, *... báisteach an-trom*
Chualathas an fuarchaoineadh ód sheomra:
'Beaigí salach, beaigí salach ...'

Bíonn an dá bheaigí anois agat
Agus cion agat orthu araon
Is tá cleasanna tugtha chun barr feabhais againn *... chun foirfeachta*
Chun an tsíocháin a choimeád lá an níocháin.

Ach 'siad na ceisteanna a bhíonn
Ag dó na geirbe i gcónaí againn: *... ag cur isteach orainn*
Cé hé an t-aingeal báite?

Nuair a scaoilfir uait sa deireadh é
Cé thógfaidh a áit?

— do m'iníon Sibéal

* Cúlra

Tagann teideal an dáin ón nath cainte 'greim an fhír bháite' – greim an fhir atá tar éis titim i bhfarraige agus é i mbaol a bháite. Beireann sé greim docht daingean ar chiumhais na naomhóige nó aon rud eile ar féidir leis chun nach mbáfaí é. Ní féidir an greim seo a scaoileadh go bog. Bíonn an duine i mbaol báite ag iarraidh greim a choimeád ar an saol seo mar níl sé cinnte faoin saol nua. Tá an páiste mar an gcéanna – ag iarraidh dul i dtaithí ar an saol mór. Aingeal neamhurchóideach é agus greim docht aige ar an saol sin sula dtagann sé ar thuiscint cheart ar an saol mór seo.

? Ceisteanna

1. Cén tábhacht a bhí le Beaigí i saol an pháiste, Sibéal?
2. Conas a thógadar Beaigí uaithi chun é a ní?
3. Ar oibrigh an cleas sin?
4. Cé na ceisteanna a bhíonn in aigne an fhile anois?
   Cén freagra atá orthu, dar leat?
5. Conas a d'éirigh leis an bhfile Sibéal a chur i aithne dúinn? – Pioc amach na línte is fearr a léiríonn cén sórt páiste í.
6. Ar éirigh leis Beaigí a chruthú? Pioc amach na focail chuí.
7. Fágann an file poncanna tar éis véarsa 4. Cad a tharla idir véarsa 4 agus véarsa 5?
8. Tá a lán contrárthachtaí sa dán seo. Cad iad?
9. Dán pearsanta é seo. Ar thaitin sé leat? Cén fáth?
10. Cé na mothúcháin atá sa dán seo?
11. An bhfuil sé rómhaoithneach, dar leat?
12. Déan comparáid idir an dán seo agus an dán 'Impí' le hAogán Ó Muircheartaigh.

Chuaigh Sibéal i dtaithí ar an saol de réir a chéile – ag tosú le cúrsaí níocháin. Tá sí ag teacht go dtí "blianta na tuisceana", mar a deirtear. Níl sí chomh hainglí anois agus tá imní na dtuismitheoirí ag fás dá réir. Conas a mhúnlóidh an saol í nuair a fhágfaidh sí laethanta na leanbaíochta ina diaidh?

Léirigh an file cúram agus aigne na dtuismitheoirí sa dán. B'uafásach an rud an beaigí salach nuair a bhí sí ina leanbh ach anois tá imní orthu faoin rud a thiocfaidh ina áit.

D'úsáid an file nath cainte ó bhéal na ndaoine i dteideal an dáin – scéal simplí atá sa dán ach spreagann sé domhaincheisteanna inár n-aigne faoi ról na dtuismitheoirí agus iad ag ullmhú leanaí don saol mór.

Smacht

Joe Steve Ó Neachtain

Tá m'intinn déanta suas agam,
Ní éisteoidh mé níos mó
Le comhairle ó dhaoine fásta
Atá go síoraí ag dul amú.
Ní stopann teanga aon tuismitheora
D'oíche nó de ló,
Ach ag screadach ar na déagóirí:
'Níl ciall agaibh go fóill.'

Curfá:
Fan amach ó dhrugaí,
Fan amach ón ól,
Tabhair aire mhaith don oideachas
Nó beidh tú ar an *dole.*
Ní ghabhfaidh tú chuig an dioscó,
Níl aon mhaith sa straois, ... *pus/stailc*
Abair do chuid paidreacha,
Ní thagann ciall roimh aois.

Níl teanga againn,
Níl tír againn,
Níl oiread is jab le fáil,
Meastú nach ag dioscó
Atá na teachtaí thuas sa Dáil?
Cloistear aimsir thoghcháin iad
Ag screadach is ag gleo,
Ach nuair a mheallann siad an vóta uainn,
Ní fheictear iad níos mó.

Curfá

Níl aon mhaith do dhaoine fásta ag caint,
Ní thuigeann siad an grá,
Dá dtuigfeadh ní bheadh colscaradh
Chomh fairsing is atá,
Tabhair sampla, a deir an eaglais linn,
Bí ar Aifreann a'ainn gach lá,
Ach chuala muid faoi shagairt
Atá craiceáilte i ndiaidh mná.
Curfá

(Véarsa a haon arís.)

! Cíoradh

Déan comparáid idir an t-amhrán seo agus an dán 'Impí' le Aogán Ó Muircheartaigh faoi na ceannteidil seo:

Téama; canúint; ábhar; friotal; mothúcháin; atmaisféar

An Leanbh Dall

Mícheál Ua Ciarmhaic

Mo ghrá mo leanbh,
gan réalt gan ghealach,
ná an lá ag eascairt ...... *teacht*
de dhroim na mbeanna, ... *os cionn na gcnoc*
ná an ghrian ag taitneamh
do ghealfadh slí dhuit;
Is ní fheicfir choíche
aghaidh do mháithrín chaoin ghil
ná d'athair bródúil
ag tuilleamh bia agus lóin duit.

Mar ná beir gealgháireach
ag rith thar bhántaibh
ná ag damhsa le háthas
i móintibh bláthmhar
inniu ná amárach,
is gan radharc
ar mhórmhuir,
ná ar loingeas bordach ...... *longa móra*
ag tarraing chun cósta
faoi shlata agus seolta.

Nach doimhin í an oíche
mar chlóca id thimpeall,
agus tusa ag éisteacht
le ceol gan éanlaith
as cranna gan ghéaga —

mo leanbhán léanmhar ...... *brónach*
gan solas gan suairceas ...... *sólás/áthas*
id' chuileoigín báite
i dtobar an duaircis. ...... *an bhróin*

Dá fhaid é an lá
is ea a thagann tráthnóna
is tagfaidh Críost chugat
mar splanc soilseach glórmhar —
ardóidh sé suas tú
mar choinnleoir órga,
is tabharfaidh duit radharc
ar Ríocht na Tríonóide.

Téama

Dán brónach é seo – caoineadh don leanbh gan radharc. Tugtar liosta gnéithe an tsaoil nach mbainfidh an leanbh taitneamh astu – gnéithe atá ceilte air toisc é a bheith gan radharc na súl. Beidh an leanbh brónach dá dheasca seo agus gan aon dóchas go dtí go dtabharfaidh Críost radharc dó i Ríocht na Tríonóide. Dán éadóchasach é go dtí go dtagaimid go dtí véarsa 5 – tá dóchas an chreidimh ann.

Meadaracht

Rosc a thugtar ar an sórt meadarachta a bhíodh sna caointe traidisiúnta (caointe an bháis). Bhíodh dhá bhéim nó trí bhéim sa líne agus ní bhíodh uimhir faoi leith línte sa rann.

Ceisteanna Tuisceana

1. Cad iad na rudaí atá ceilte ar an leanbh seo toisc é a bheith dall?
2. Cad iad na dathanna a luaitear sa dán? Cén tábhacht atá leo?
3. Cá bhfios dúinn go bhfuil grá ag a thuismitheoirí don leanbh?
4. Léigh véarsa 3 arís. Cén sórt atmaisféir atá ann? Conas a chruthaigh an file é sin?
5. Féach arís ar véarsa 4. Cé na mothúcháin a spreag an véarsa sin ionat? Cén fáth?
6. Léigh véarsa 5. Cén mothú atá ann?
7. Pioc amach na focail atá lán de bhrón an athar sa dán seo. An mar sin a fheiceann an leanbh an saol, dar leat?
8. Úsáideann an file uaim go minic sa dán. Pioc amach an ceann is fearr, dar leat, agus abair cén fáth.
9. Ar thaitin na fuaimeanna sa dán seo leat? Cén fáth?
10. Déan comparáid idir an dán 'On His Blindness' le John Milton agus an dán seo.

Caoch

Joe Steve Ó Neachtain

'Cén fáth nach bhfuil
Solas lasta agat,
A mham,' a deirimse,
Is gan le feiceáil
Ach a scáil ar éigean
Ag ithe a béile oíche
I ndeireadh a fómhair. ...... *a saoil*

Is dá mbeadh breith ... *dá bhféadfainn dul siar*
Ar m'aiféala agam
Shlogfainn an chaint ...... *ní déarfainn é sin*
Chomh haibéil céanna, ... *chomh tapa*
Ó b'annamh liom
Theacht ar cuairt
De shiúl oíche.

'Níor smaoinigh mo chroí
Air,' a deir sí,
Is a leathláimh
ag slíocadh an bhalla nó ...... *ag cuimilt*
Gur aimsigh sí an cnaipe,
Is las lóchrann fáilte
Sna súile nach bhfaca
Dé le blianta. ...... *aon solas*

? Ceisteanna Tuisceana

1. Cén scéal atá sa dán seo?
2. Cén ceacht atá le foghlaim as?
3. Ar thaitin an dán leat? Cén fáth?
4. Déan comparáid idir an dán seo agus 'An Leanbh Dall' le Mícheál Ua Ciarmhaic agus "An Dall sa Stiúidio" le Seán Ó Ríordáin.
5. Cé na háiseanna atá ar fáil do dhaoine dalla sa tír seo?

Amhrán na Seite

Mícheál Ó Siochrú

Buail ar dheis is buail ar chlé
Is buailimis le chéile ar fud an tí,
Cnaipí ag preabadh is cnaipí ag séideadh
Is cnaipí eile scaoilte ag nochtadh clí.
Cas is cas is cas mórthimpeall,
Casaimis go hIfreann smúit an bhróin,
Cas is cas is cas trí'n oíche,
Casaimis trí'n aigne na caisí ceoil. ...... *sruthanna nótaí*

Rince an tseanduine is rince na hóige,
Rince nach n-aithníonn aon deighilt dhaonnaí
Rince an charadais is scléipe móire,
Timpeall linn, a stóirín, is tógaimis spraoi.
Spiorad na n-aoiseanna is spiorad ár ndaoine.
Spiorad nárbh fhéidir í riamh a chloí, ... *a mharú*
Spiorad ag boilgearnach i bhfuil ár gcroíthe ...... *ag léim*
Go gcuireann sí an ruaig ar chúramaí an tsaoil.

Céim chun tosaigh, céim chun tosaigh,
Cúlaímis arís is pleancaimis faoi dhó, ... *buailimis cos*
Céim chun tosaigh, céim chun tosaigh,
An scréachaire go meidhreach le cnagbhuillí na mbróg.
Cas is cas is cas mórthimpeall,
Casaimis go hIfreann smúit an bhróin,
Cas is cas is cas trí'n oíche,
Casaimis trí'n aigne na caisí ceoil.

Aoibh an ragairne is fonn pléaráca, ... *spraoi*
Aoibh na lasracha ó lampa an chroí,
Aoibh ag deargadh in allas báite
Is bainimis clagarnach as leacracha an tí ...... *glór*
Méireanna ag preabarnach ar chnaipí bána,
Méireanna aclaí ag scaoileadh an cheoil, ... *tapa*
Méireanna mar theachtairí ón dtobar ársa ...... *ón seansaol*
Ag doirteadh milseachta 'na rabharta mór. ...... *go flúirseach*

Crosóg lámh, ar dheis linn timpeall,
Croithimis na guaillí is ligimis yá-hú,
Crosóg lámh, ar ais arís linn,
Beirimis ar pháirtí is buailimis chun siúil.

Cas is cas is cas mórthimpeall,
Casaimis go hIfreann smúit an bhróin,
Cas is cas is cas trí'n oíche,
Casaimis trí'n aigne na caisí ceoil.

? Ceisteanna Tuisceana

1. Cén sórt atmaisféir atá sa dán seo? Conas a chruthaigh an file é?
2. Cén tábhacht atá le hathrá sa dán?
3. Cén íomhá is fearr leat ann?
4. Cén mothú a spreag an dán seo ionat? Cén fáth?
5. Cén fáth ar úsáid an file an modh ordaitheach sa dán?
6. Cén tábhacht atá le rithim an dáin seo?

CUID 2
PRÓS

Cuid 2: Prós

Fágann Aoife an Baile

Muireann Ní Bhrolcháin

"Caithfimid labhairt faoi seo."

Bhí a máthair ina seasamh sa halla ag fanacht léi, rian na ndeor ar a leicne, an mascára stríoctha ar a haghaidh. D'fhéach Aoife thart. Ní raibh tásc ná tuairisc ar a hathair. "Tá brón orm, tá an-bhrón orm go bhfuair tú amach faoin leanbh sa tslí seo."

Mhothaigh Aoife fionnachrith a theacht uirthi. Stán sí ar a máthair agus ní dúirt focal.

"Dún an doras taobh thiar díot ansin," a dúirt a máthair.

"Dún tú féin é," arsa Aoife go grod.

Shín a máthair lámh amach chuici agus rug greim ar a huillinn.

"Ná bí mar sin. Caithfidh tú iarracht a dhéanamh é a thuiscint, táimse gortaithe freisin . . ."

Ach níor thug Aoife seans di críochnú. Bhí a glór ag éirí níos láidre agus í ag glanadh na ndeor dá haghaidh.

"*Tusa*! Ní chloisim dada ach *tusa*. Níl focal uait fúmsa ná cén chaoi a mothaímse!" a scread Aoife. "Cén chaoi a bhféadfá rud mar sin a choinneáil uaim? Rún a dhéanamh den deirfiúr atá agam! An bhfuil a fhios ag m'athair? An bhfuil a fhios aige cén saghas mná céile atá aige? Tusa agus do chuid léachtaí fada, tusa nach raibh ach sé bliana déag nuair a rugadh páiste duit. Cé hé m'athair? Cá mhéad eile ar luigh tú leo?"

"Ná labhair tusa mar sin le do mháthair go deo arís nó fágfaidh tú an teach seo agus ní fhillfidh tú ar ais ann go brách!"

Bhuail glór feargach a hathar í tríd an aer mar a bheadh flíp ann. Stop sí ar feadh meandair ach tháinig fearg arís uirthi. ...... *soicind*

"Bheadh áthas orm an teach a fhágáil!" a scread Aoife. "B'fhéidir go bhféadfainn maireachtáil leis an deirfiúr nua seo dá mbeadh a fhios agam cá bhfuil sí nó cén t-ainm atá uirthi!"

"Tar isteach anseo, a chailín!" a dúirt a hathair. "Agus dún an doras sin i do dhiaidh ar an bpointe. Anois! Díreach!"

"Ach . . .!" a thosaigh Aoife.

"Anois!" Scean a ghlór tríd an aer mar lasc fuipe.

Shiúil sí de thuisle isteach sa seomra suí agus chaith í féin ar an gcathaoir in aice na fuinneoige ag stánadh amach, na deora i gceann a cuid súl. Cén fáth a raibh an bheirt acu ag caitheamh chomh cruálach sin léi? Níorbh ise ba chiontaí anseo ach iad féin. A máthair go háirithe.

Shuigh a máthair ar an tolg agus a hathair ina haice. Chuir sé a lámh thart ar a gualainn. Tháinig déistin ar Aoife ag breathnú orthu.

Bhí rian na hola le feiceáil fós ar a chuid lámh. Uaireanta d'oibrigh a hathair ar ghluaisteáin sa bhaile mar a bhí déanta aige inniu. Ní bhearrfadh sé é féin ar maidin mar nach mbeadh sé ag bogadh taobh amuigh den gharáiste in aice an tí. Bhí cuma cineál fiáin air agus é gléasta sna bríste géine agus an geansaí salach a chaith sé agus é ag obair. Bhain sé an forbhríste de – bhí sé róshalach don tolg. Bhí cuma an-mhór air le taobh a máthar, ise chomh beag néata dea-ghléasta, éadaí na scoile uirthi go fóill. Sciorta díreach dubh, blús dubh síoda, bróga le sála arda, stocaí dubha síoda. Bhí cuma tagtha uirthi thar oíche <u>amhail</u> dá mbeadh sí i bhfad níos sine ná mar a bhí.

...... faoi mar

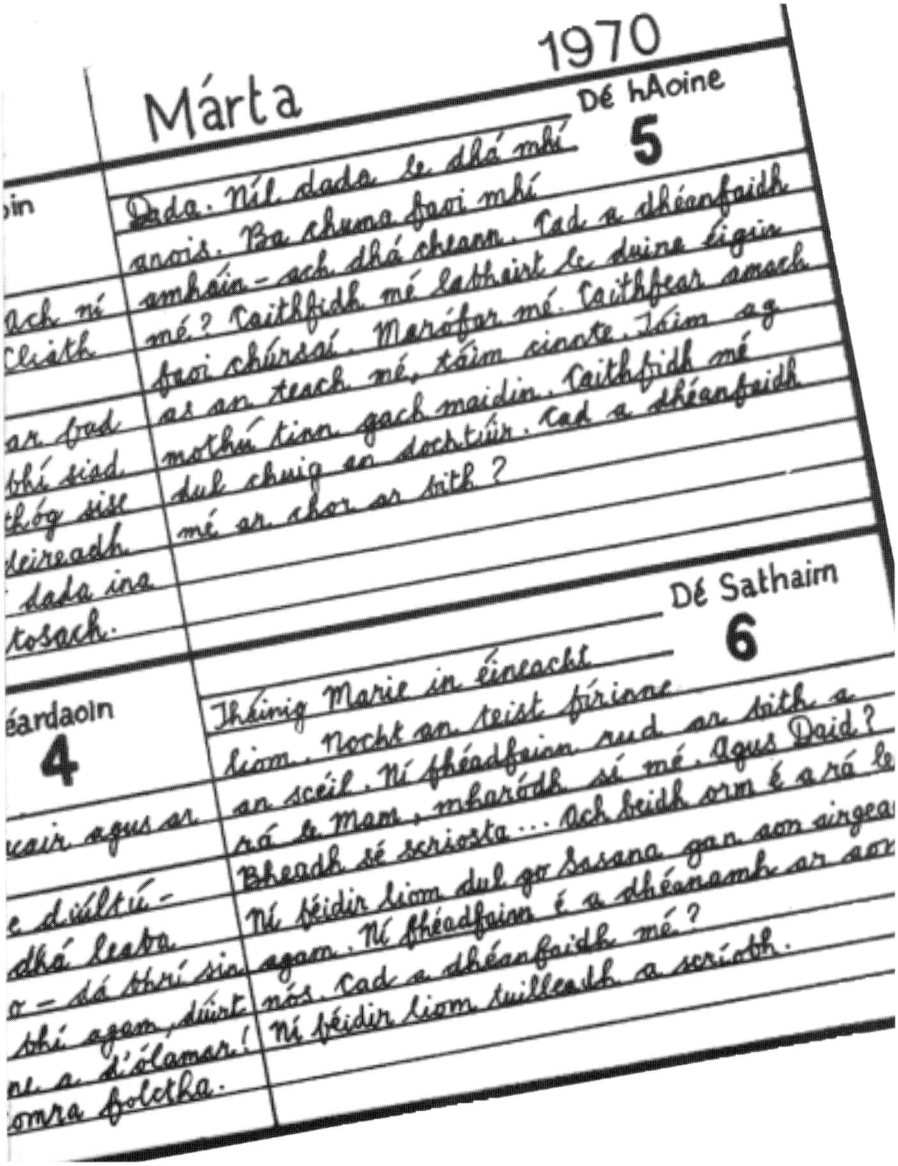
1970
Márta

Dé hAoine
5

Dada. Níl dada le dhá mhí
anois. Ba chuma faoi mhí
amháin – ach dhá cheann. Cad a dhéanfaidh
mé? Caithfidh mé labhairt le duine éigin
faoi chúrsaí. Marófar mé. Caithfear amach
as an teach mé, táim cinnte. Táim ag
mothú tinn gach maidin. Caithfidh mé
dul chuig an dochtúir. Cad a dhéanfaidh
mé ar chor ar bith?

Dé Sathairn
6

Tháinig Marie in éineacht
liom. Nocht an teist fírinne
an scéil. Ní fhéadfainn rud ar bith a
rá le Mam, mharódh sí mé. Agus Daid?
Bheadh sé scriosta... Ach beidh orm é a rá le
Ní féidir liom dul go Sasana gan aon airgea
agam. Ní fhéadfainn é a dhéanamh ar aon
nós. Cad a dhéanfaidh mé?
Ní féidir liom tuilleadh a scríobh.

"Anois," arsa a hathair, ag féachaint díreach san aghaidh ar Aoife. Ní fhéadfadh sí féachaint sna súile air. "Suífimid anseo go dtí go mbíonn gach rud pléite againn agus gabhfaidh tusa leithscéal do mháthar as ucht a dialann a léamh, agus as ucht an teach a fhágáil agus sinne buartha fút an lá uile!"

"Ach . . ."

Chuir sé isteach uirthi ar an bpointe.

"Ná bac le 'ach' ar bith anois, a Aoife," ar sé go grod. "Ní léimidne do litreacha ná aon phíosa scríbhneoireachta de do chuid. Ní raibh gnó ar bith agat a bheith ag smúrthacht i bpríobháid do mháthar. Tá alltacht agus díomá orm go ndéanfadh iníon liom gníomh chomh gránna leis sin! Cén fáth ar thóg tú an dialann sa chéad dul síos?" ...... *borb*

"Níl a fhios agam."

D'fhéach sí san aghaidh air agus ní raibh aon éalú ón bhfearg ná ón dímheas ina shúile gorma. Ní fhéadfadh sí é a mhealladh an t-am seo.

"Chuir Mam i bhfolach í agus cheap mé go mbeadh míniú éigin ann ar cén fáth go mbíonn sí chomh dian agus a bhíonn sí ormsa. Cheap mé go léifinn . . ."

"Go díreach! Sin é go deimhin! Ar mhaith leat go mbeimis ag tochailt sna páipéir i do sheomrasa? Ní chuirimid brú ort fiú an cró muice sin a ghlanadh agus seo an buíochas a fhaighimid uait. Liomsa agus le do mháthair a bhaineann gnó na dialainne. Anois, sula ndéarfaimid aon cheo eile, gabh leithscéal le do mháthair!" ...... *rud*

Ní raibh aon dul as aici.

"Tá brón orm," ar sí go híseal, "as an méid a dúirt mé ansin amuigh sa halla."

"Tá sé ceart go leor," a d'fhreagair a máthair. "Tuigim duit, i ndáiríre, tuigim. Tá tusa gortaithe freisin."

"Raidht!" arsa a hathair ag éirí den tolg, agus á dhíriú féin. Phóg sé máthair Aoife ar chlár a héadain agus chuimil a leiceann lena mhéar. "Táimse ag dul amach anois agus fágfaidh mé an bheirt agaibh le chéile. Éist le do mháthair anois, a Aoife. Má chloisim go raibh tú drochbhéasach, duit féin is measa é!"

Leis sin d'fhág sé an seomra. D'fhan an bheirt acu gan bogadh ar feadh cúpla soicind. D'fhéach a máthair uirthi faoi dheireadh agus d'fhéach Aoife uirthi ach níor bhog a croí; bhí sí fós ar mire léi. ...... *buile*

"Is minic a theastaigh uaim é a insint duit ach bhí tú ró-óg i dtosach. Bhí sé beartaithe agam é a insint duit nuair a bheifeá seacht mbliana déag. Ní d'aon ghnó a choinnigh mé uait é. Tá sé . . . an-deacair a leithéid a insint d'éinne. Creid uaim é."

Níor fhéach Aoife uirthi. Chuala sí an tocht i nglór a máthar agus ...... *brón* go tobann, gan choinne, thosaigh sí féin ag gol, na deora ag teacht óna croí agus gan smacht aici orthu. D'éirigh a máthair go tapa, thrasnaigh an seomra agus chuaigh ar a gogaide ina haice. Rinne sí iarracht a lámh a chur thart uirthi ach níor ligeadh di.

"'Aoife, éist, a Aoife, níl aon ghá leis seo uile. I ndáiríre! Tá an-bhrón orm nár inis mé duit. Ní raibh ar intinn agam tú a ghortú riamh. Bhí náire orm, nach dtuigeann tú sin? Níor theastaigh uaim go bhféachfá orm mar . . . mar . . . "

"Mar dhuine a luífeadh le buachaill agus gan í ach sé bliana déag? Ní nach ionadh go dteastaíonn uait mé a choinneáil istigh an t-am ar fad! Bhuel, tá deireadh leis sin anois – d'iarr Tomás orm dul chuig an dráma leis oíche Dhomhnaigh agus táim ag dul ann. An gcloiseann tú mé? Agus ní féidir leatsa ná le Daid bac a chur orm! ...... *stop*
Glaoigh ar Dhaid más mian leat agus iarr air stop a chur liom; tá faitíos ort féin é a dhéanamh anois!"

Bhí na focail ag teacht amach dá hainneoin, ní fhéadfadh sí stop a chur leo. Sheas sí go tapa agus d'fhéach ar a máthair:

"Ní féidir liom fanacht anseo anocht. Dúirt máthair Aisling go bhféadfainn fanacht leo agus sin a dhéanfaidh mé. Tá mé chun glao a chur uirthi agus mála a phacáil."

"Ach ní féidir . . . " a thosaigh a máthair.

"Is féidir! An bhfuil tú chun mé a chur faoi ghlas anseo agus mé a choinneáil istigh go deo?"

Leis sin rith sí suas an staighre agus chaith roinnt éadaí isteach i mála. Bheadh a mála scoile de dhíth uirthi freisin. Thíos staighre chuala sí a máthair ag glaoch ar a hathair. Bíodh aici. Bheadh brón uirthi gur chuir sí an dallamullóg uirthi. Anois, cad eile a thabharfadh sí léi? Ba bheag nach ndearna sí dearmad! Tomás! Bheadh uirthi éadaí maithe a thabhairt léi le dul chuig an dráma ar an Domhnach! B'fhéidir go mbeadh rud éigin ag Aisling? Chaith sí isteach cúpla balcais a thaitin léi agus d'fhéach timpeall an tseomra. ..... *giobal*
Cad eile a bheadh uaithi? Thug sí léi roinnt de na hainmhithe boga: béar, moncaí agus coinín a bhí aici le fada. B'in gach rud.

Bhí an bheirt acu ag cogarnach le chéile sa seomra suí nuair a tháinig sí anuas leis an mála. Níor chuala sí ach an sioscadh mar go ...... *an chogarnach*
raibh an doras beagnach dúnta. Thóg sí a mála scoile agus a seaicéad. Níor bhog ceachtar acu. Bhí sí chun siúl amach gan focal a ...... *éinne*
rá nuair a smaoinigh sí gur chóir di glao gutháin a chur ar Aisling i dtosach.

Fiú nuair a bhí sé sin déanta aici níor bhog ceachtar dá tuismitheoirí. Cad a bhí ar siúl acu? Nach raibh siad le cosc a chur léi? Chnag sí ar an doras agus a croí ina béal.

"Tar isteach!" a d'fhreagair a hathair.

"Tá mé ag imeacht anois."

D'fhéach sí ar an mbeirt acu ina suí ar an tolg arís, lámh ag a hathair thart ar a máthair. Bhí cuma chomh compordach sin orthu go gceapfá nach raibh gá acu le héinne eile ach a chéile. D'airigh sí éad agus splanc uaignis. Níor theastaigh uaithi imeacht. B'fhearr léi dá bhféadfadh sí fanacht agus gach rud a bheith mar a bhí inné nuair nach raibh sí ag labhairt leo. Níor theastaigh uaithi go n-athródh an saol chomh tobann sin.

"Ceart go leor." Ba é a hathair a d'fhreagair í. Ba chosúil go n-éireodh a máthair ina seasamh ach ní dhearna. Ba bheag nár chaoin sí féin arís, ag súil go gcuirfidís stop léi. Níor chuir.

Thug sí sracfhéachaint amháin eile orthu agus dhún an doras. Dhún sí doras an tí de phlab agus rith chomh gasta agus a bhí inti siar an bóthar . . .

(Sliocht as an úrscéal *Dialann Chaoimhe*)

? Ceisteanna Tuisceana

1. Ainmnigh na pearsain sa ghiota seo den úrscéal *Dialann Chaoimhe*.
2. Cén scéal nár inis an mháthair d'Aoife?
3. Conas a fuair Aoife eolas faoin scéal?
4. Conas a ghlac sí leis an scéal?
5. Déan cur síos ar athair Aoife.
6. Cén fáth a raibh sé ar buile le hAoife?
7. Cén fáth a raibh ar Aoife leithscéal a máthar a ghabháil?
8. Cén fáth nár inis an mháthair d'Aoife faoin deirfiúr?
9. Conas a ghlac Aoife le tuairimí a máthar?
10. Cad a dhein sí? Cén plean a bhí aici?

! Cíoradh

1. Bhí coimhlint an-mhór idir Aoife agus a tuismitheoirí – cén fáth?
2. "Ní raibh gnó ar bith agat a bheith ag smúrthacht i bpríobháid do mháthar." An aontaíonn tú le hathair Aoife faoi seo?
3. "Bhí níos mó measa ag a tuismitheoirí ar Aoife agus ar a cearta ná mar a bhí aici sin ar a gcearta siúd." Cad é do mheas?
4. D'athraigh scéal na dialainne saol Aoife. D'fhág sí an baile. Cad a tharla di, meas tú?
5. Déan comparáid idir an scéal seo agus an dán "Máthair" le Nuala Ní Dhomhnaill.
6. Déan comparáid idir an scéal seo agus "Mac an tSagairt" le Micheál Ó Conghaile.

Timpiste i Londain

Mícheál Ó Ráighne

Bhí na míonna ag sleamhnú amach i leaba a chéile. Bhí an tAibreán imithe, an samhradh ar fáil agus níor airigh Seáinín ag dul thart é. Bhí sé chomh taithithe sin anois leis an áit agus leis an saol i Londain, agus roinnt mhaith airgid curtha i dtaisce aige gan trácht ar an méid a bhí curtha abhaile aige. ...... *de réir*

Nuair a tháinig an fómhar bhí toradh breá ar obair Mháirtín sa mbaile idir fhataí i nGarraí an Lao agus an garraí seagail ar chúl an tí. Ina theannta sin bhí cruach mhór scrathacha bainte, sábháilte aige thiar ar an gcnocán fraoigh i gcomhair na tine i rith an gheimhridh. Maidin Shathairn, an chéad lá de Mheán Fómhair, chuir Seáinín roimhe féin an meall a bhí ar a leiceann a fháil amach. An mhaidin chéanna, fuair sé litir óna mháthair agus ó Bhrídín an Phosta agus a pictiúr. Nuair a bhí na litreacha léite go cúramach aige, agus pictiúr Bhrídín feicthe go maith aige, chuir sé go cúramach i bpóca a chóta iad, agus lean air ag obair an lá sin mar ba ghnách. ...... *cnapán*

Tráthnóna an lae sin bhuail sé síos chuig an dochtúir chun a scéal a inseacht dó. Rinne an dochtúir scrúdú ar a leiceann agus thug litir dó le tabhairt chuig an ospidéal. Thug sé an litir síos chuig an ospidéal an tráthnóna céanna agus dúirt an dochtúir san ospidéal leis teacht isteach Dé Luain dár gcionn. Ar an mbealach abhaile ón ospidéal dó chuimhnigh sé go raibh a chóta fágtha sa leoraí aige agus nach mbeadh sé ag obair ar chor ar bith Dé Luain. Ba chuma leis faoin gcóta ach bhí na litreacha agus pictiúr Bhrídín sa bpóca. Níorbh fhéidir leis an cóta a fháil anois. Bheadh gach áit dúnta.

Maidin Dé Luain chuaigh sé síos chuig an ospidéal agus déanadh obráid ar a leiceann. Cuireadh roinnt greamanna sa ngearradh agus cuireadh plástar beag néata anuas air. Dúirt an dochtúir leis gan aon obair a dhéanamh lá arna mhárach. Bhí Seáinín sásta go leor leis féin ansin ach bhí na litreacha a bhí sa gcóta ag déanamh imní dó.

Cuireadh fear cúnta ina áit ar an leoraí an mhaidin sin. Maidin fhuar fhliuch a bhí ann agus ceo trom. Chonaic an fear cúnta cóta Sheáinín agus bhuail sé air é. Ar an mbealach trí Camden Town dóibh bhí drochthimpiste bóthair acu. Gortaíodh an bheirt go mór. Bhí na póilíní i láthair go tobann agus tugadh an bheirt chuig an ospidéal ach bhí an fear cúnta básaithe sular shroich sé an áit. ...... *ag cabhrú*

Ar a bhealach ón ospidéal do Sheáinín cé a casadh air ach Máirtín Phádraig agus Micil Bheairtlín. Ní raibh an bheirt acusan ag obair an mhaidin sin ach an oiread. Rud ba mhinic leo gach maidin Luain. Is iondúil go mbeadh cloigeann tinn acu tar éis an deireadh seachtaine ...... *gnách* ach bhí sé cloiste acu faoin timpiste bóthair a bhí ag an leoraí. Nuair a chonaic siad an plástar ar leiceann Sheáinín d'iarr siad céard a tharla dó.

D'inis sé dóibh go bhfuair sé an meall a bhí ar a leiceann amach.

"M'anam," a deir Micil "gur thug mé faoi deara an meall sin ort an chéad lá a casadh orainn thú. Bhí an ceart agat is fáil réidh leis."

"Bhí an t-ádh dearg ort inniu nach raibh tú ag obair," a deir Máirtín Phádraig. "Bhí drochthimpiste ag an leoraí sin ar maidin."

"Muise an bhfuil tú dáiríre?" a deir Seáinín, "mar d'fhág mé mo chóta sa leoraí sin oíche Dé Sathairn."

"Nach cuma faoi chóta," a deir Máirtín. "Bhí an t-ádh ort nach raibh tú féin ann."

"Tá a fhios agam sin," a deir Seáinín, "ach siad na litreacha a bhí i bpóca an chóta atá ag déanamh imní dom."

"Ná bac le litreacha," a deir Micil. "Beidh deoch againne ó casadh ar a chéile muid."

Isteach leo. Ní raibh mórán cleachtaidh ag Seáinín ar ól agus ...... *taithí*
b'fhurasta a dhóthain a thabhairt dó. Tar éis tamall den lá, bhí Seáinín ag éirí súgach agus dúirt sé go rachadh sé suas go dtí clann ...... *aerach*
Nuala Sheáinín. Thug an bheirt suas é. Nuair a chonaic Neilín go raibh lorg óil ar Sheáinín ní raibh siad buíoch dá n-aistear. Thug sí an ...... *rian*
teanga go maith dóibh mín agus garbh mar ní fhaca sí lorg óil ar Sheáinín ón gcéad lá a tháinig sé aniar go dtí anois. Chuir sí Seáinín ar an leaba áit ar chaith sé an chuid eile den tráthnóna agus an oíche go maidin. Dúirt sé le Neilín nach mbeadh sé ag dul ag obair ar chor ar bith lá arna mhárach.

D'fhiafraigh sí dhe an raibh a leiceann tinn ach dúirt sé nach raibh. Rinne sé dearmad inseacht di faoin timpiste bóthair a bhí ag an leoraí. Ní raibh a fhios aige faoin am seo faoin drochscéala a bhí curtha siar chuig a mháthair agus an drochbhail a bhí uirthi dá bharr.

Fuair na póilíní litreacha Sheáinín i bpóca an chóta agus pictiúr de chailín. Litir óna mháthair, litir ó Bhrídín an Phosta agus a pictiúr a bhí istigh ann. Cheap na póilíní gurbh é Seáinín an fear marbh de réir na litreacha agus cé nach gceapfadh. Bhí an tiománaí róthinn le aon fhocal a fháil as. Chuaigh duine de na póilíní síos go Cardozo Road go dtí an teach a raibh Seáinín ar lóistín ann. Chuir sé ceist ar bhean an tí an raibh a leithéid seo de fhear ag fanacht aici agus thaispeáin sé an dá chlúdach di. Dúirt sí go raibh agus gur imigh sé ar maidin ar nós gach maidin eile.

"Is dócha go bhfuil sé ag obair," a deir sí. Níor dhúirt an póilín sea ná ní hea. Bhuail sé bóthar agus d'fhág ise ar bheagán eolais.

Nuair a tháinig an póilín ar ais chuig an stáisiún, d'inis sé an méid eolais a bhí faighte aige ó bhean an tí lóistín. Thriail siad dul i dteagmháil le *Inter City Transport* ach ní raibh aon duine ansin ag an am le haon eolas a thabhairt dóibh. Bhí seoladh baile Sheáinín acu agus ní dhearna siad níos mó fiosruithe thall.

Chuaigh na póilíní i dteagmháil díreach glan le stáisiún na ngardaí sa mbaile. D'inis siad an scéal don sáirsint mór. Rinne an drochscéala seo staic dó. Bhí sé fíorchrua air an scéala seo a inseacht do Mháire Bhán ach chaithfeadh sé é a dhéanamh. Siar leis ar a rothar. Shiúil sé suas an bóithrín go dtí tigh Mháire go mall réidh, drochscéala le hinseacht do Mháire aige. Bhí Seoirse agus Tom ag caint le chéile ag béal an bhóithrín. Bhí iontas orthu an sáirsint a fheiceáil ag dul suas go tigh Mháire chomh luath sin sa lá.

...... bhí sé gan focal

"B'fhéidir," a deir Seoirse, "nach bhfuil Peigín ag déanamh a cuid leathanta scoile. Tá na gardaí géar go maith anois faoina leithéid sin."

...... dian

Nuair a shroich an sáirsint tigh Mháire bhí Máirtín amuigh ar an tsráid.

"Cá bhfuil do mháthair?" a deir sé le Máirtín.

"Tá sí istigh," a deir sé. "Cén fáth?"

Leag sé a lámh ar ghualainn Mháirtín. "Tá drochscéala agam daoibh," a deir sé. Isteach leis an mbeirt. Chuir Máire fáilte roimhe.

"Bhuel, a Mháire," a deir sé, "níl aon dea-scéala agam daoibh ar maidin."

"Go sábhála Dia sinn," a deir Máire – "céard atá tarlaithe?"

"Seáinín, Seáinín," a deir an sáirsint. "Tá mé tar éis scéala a fháil ó na póilíní i Sasana go raibh timpiste bóthair aige ar maidin."

"Dia ár réiteach," a deir Máirtín, "an bhfuil sé gortaithe?"

"Tá sé," a deir an sáirsint, "agus tá sé chomh maith dom a inseacht daoibh, rud nach maith liom – tá sé marbh."

Chuir Máire béic chaointe aisti agus thit sí i lagar ar an urlár. Thug an sáirsint agus Máirtín amach faoin aer í. D'airigh Tom agus Seoirse an caoineadh agus suas leo faoi shiúl.

...... laige

"Céard atá tarlaithe?" a deir Seoirse.

"Seáinín atá marbh i Sasana," a deir Máirtín agus é ag ithe a chuid ingne le huafás. D'inis an sáirsint do Tom agus do Sheoirse an scéala a fuair sé ó na póilíní i Sasana.

"Scéal dona do mhuintir an tí seo é ar chuma ar bith," a deir Tom. "Níor bheag dóibh an donacht."

...... bhí an saol crua acu cheana féin

Bhí Neilín Mháire Rua ag dul síos chuig an siopa beag agus nuair a chonaic sí an sáirsint thuas ag tigh Mháire bhí a fhios aici go raibh rud eicínt tarlaithe agus suas léi. Is beag nár thit an t-anam aisti nuair a chuala sí an drochscéala. Chuaigh sí síos chuig oifig an phoist chun Brídín a fheiceáil. Bhí Brídín san oifig agus í go gliondrach ag léamh litreach. Nuair a tháinig Neilín isteach chuir Brídín fáilte roimpi.

...... sásta

Chuir sí a dhá huillinn suas ar an gcuntar agus an-fhonn cainte uirthi.

"Fuair mé litir ó Sheáinín inniu," a deir sí agus í ag gáire. "Tá sé rímhaith. Is gearr anois go mbeidh sé ag teacht abhaile."

Phléasc Neilín amach ag caoineadh. Rug Brídín ar láimh uirthi.

"Céard atá ort, a stór?" a deir sí.

"Tá do Sheáinín marbh. Bhí timpiste bóthair aige go moch ar maidin inniu. Tá an sáirsint tar éis an scéala seo a fháil anall."

Thit Brídín as a seasamh. Go tráthúil tháinig an tAthair Pádraig isteach. Chonaic sé Brídín ar an urlár agus Neilín ag caoineadh. Bhuail uafás é. Chuir sé Brídín ina suí ar chathaoir. D'inis Neilín an drochscéala dó. Chaith sé tamall maith ag iarraidh foighid a chur i mBrídín. Tar éis píosa shocraigh sí síos. Dúirt sé léi dul ar an leaba go ceann tamaill agus fuair sé dochtúir di. D'fhan Neilín in éineacht léi. Dúnadh oifig an phoist an chuid eile den lá. Chuaigh an tAthair Pádraig suas chuig tigh Mháire. Chonaic sé an droch-chaoi a bhí orthu. Bhí trua a chroí aige dóibh. Chaith sé píosa mór den lá in éineacht leo. Ba ghearr go raibh an scéala ar fud an Bhaile Bhig.

(Sliocht as an úrscéal *Deoir ón tSúil*)

? Ceisteanna Tuisceana

1. Conas a bhí ag éirí le Seáinín i Londain?
2. Cad a tharla maidin Dé Sathairn?
3. Cá ndeachaigh Seáinín an tráthnóna sin?
4. Cén imní a bhí air faoina chasóg?
5. Cén fáth nach ndeachaigh sé ag obair ar an Luan?
6. Cén drochscéal a bhí ag Máirtín Phádraig agus ag Micil Bheairtlín dó?
7. Cá ndeachaigh na cairde ansin?
8. Cén fáth a raibh fearg ar Neilín nuair a chuaigh an triúr go dtí teach Nuala Sheáinín?
9. Cad a dhein sí le Seáinín?
10. Idir an dá linn bhí drochscéala curtha go dtí máthair Sheáinín – cén scéal é?
11. Cá bhfuair na póilíní an t-eolas faoi sheoladh baile Sheáinín?
12. Cén bhaint a bhí ag bean an tí lóistín i Cardozo Road leis an scéal?
13. Cé d'inis an scéal do mháthair Sheáinín?
14. Conas a scaipeadh an scéal?
15. Cén fáth a raibh Brídín go gliondrach nuair a chuaigh Neilín Mháire Rua isteach in Oifig an Phoist?

16. Cén fáth ar thosaigh Neilín ag caoineadh?
17. Bhí an drochscéal ar fud an bhaile agus gach aon duine trí chéile. Cad a tharla ansin, dar leat?

! Cíoradh

1. Cén tuiscint a thugann an scéal seo duit ar shaol agus ar aigne an Éireannaigh i Londain?
2. Cén tuiscint a fhaighimid sa scéal ar an bpobal sa bhaile?
3. Déan comparáid idir an scéal seo agus 'Fíniúna agus Fíon' as *An Traimp* le D. Ó Gráinne.
4. Déan comparáid idir an scéal seo agus *Deoraíocht* le Pádraig Ó Conaire.

An Coimhthíoch Caol Dubh

Tina Nic Enrí

Bhí Cristín ag athdhéanamh na hArdteiste le hochtar dá cairde i gColáiste San Simón i mBóthar na Trá. Bhí beirt deartháireacha aici – fiaclóir ba ea Tony i gCorcaigh agus bhí Séamus ag obair lena hathair sa chomhlacht i mBaile Átha Cliath. Fuair a máthair bás d'ailse nuair a bhí Cristín i rang na hArdteiste agus ní raibh sa bhaile anois ach í féin agus a hathair. Bhíodh sé siúd as baile go minic i mBaile Átha Cliath – fear fuarchúiseach, neamhthuisceanach dar le Cristín. Bhí sé mórálach as a bheirt mhac mar d'éirigh go maith leo san ollscoil. Níor ghá dá iníon bacadh le hollscolaíocht ach fear maith saibhir a phósadh. Ba mhaith le Cristín a bheith ina dochtúir, áfach, agus ba mhaith lena máthair go mbeadh – bhí cairdeas speisialta eatarthu agus comhthuiscint . . .

Bhí Cristín i ngiorracht cúpla pointe don chúrsa leighis anuraidh agus anois bhí sí ar ais sa scoil . . . Bhí múinteoir nua Fraincise acu – Monsieur Flaubin – súile móra donna aige, é dathúil agus gruaig chiardhubh air. Thug sé cabhair bhreise do Christín lena cuid Fraincise ar chomhairle Iníon Uí Standúin . . . Thug sé an rang ar thuras scoile go Páras um Cháisc.

Nuair a tháinig Cristín abhaile bhí litir roimpi ó ollscoil i Sasana. D'oscail sí an litir go sciobtha. ...... *tapa*

"Ceann de na coláistí leighis ar chuireas isteach ar áit iontu," a deir sí le Flaubin a bhí ina sheasamh taobh léi. Phreab a croí nuair a léigh sí an litir. Las a súile.

"A thiarcais! An gcreidfeá é? Tá siad chun áit a ofráil dom ar choinníoll go bhfaighidh mé dhá 'A' agus aon 'B' amháin sna hábhair eolaíochta. Tugann sin an-seans ar fad dom! Táim cinnte go mbeidh mé ábalta 'A' a bhaint amach sa cheimic agus sa bhitheolaíocht an babhta seo agus fuaireas 'B' san fhisic anuraidh. Deir siad go gcoinníonn siad deich n-áit do mhic léinn ón iasacht agus má bhainim amach an caighdeán beidh agam! Ó, a Harvi, nach bhfuil sé go hiontach ar fad!" Bhain an Francach searradh as a ghuaillí. ...... *ó thar lear* ...... *chroith sé*

"Níl cúrsaí gairm bheatha chomh tábhachtach sin do chailín," ar seisean ag croitheadh a chinn. "Ní cóir duit an oiread sin blianta a chaitheamh i mbun staidéir – níl ann ach cur amú ama duit."

Stán Cristín idir an dá shúil air. Ní fhéadfadh sí a chreidiúint go raibh sé ag caint mar sin – díreach ar nós a hathar! "Cheapas go rabhais go mór i bhfabhar an oideachais," ar sise go ciúin. ...... *ar thaobh*

"Oideachas – sea – nuair a théann sé chun tairbhe, ach i do chás-sa, ar nós na gcéadta ban eile, tiocfaidh an lá go bpósfaidh tú, beidh clann ort agus ní bheidh mórán suime agat i do ghairm ghalánta bheatha ansin."

Ní dúirt Cristín tada. Bhí sí i dteideal áit a bhaint amach sa chúrsa leighis. Cá bhfios d'éinne cad a tharlódh sna blianta a bhí roimpi? Cá bhfios d'éinne céard a bhí i ndán di? Léigh sí an litir arís agus arís eile. Scéal maith a bhí ann, ní raibh aon dabht faoi, scéal maith a scaip an tuirse a bhí uirthi tar éis an turais fhada dhuaisiúil ar an mbus ón long i Ros Láir.

* * *

"Ach a Christín, an bhfuil tú cinnte go bhfuil sé ar do chumas na gráid sin a bhaint amach sna hábhair eolaíochta?" arsa an comhairleoir gairm bheatha an tseachtain dár gcionn ar scoil.

"Cinnte! Nach bhfuaireas 'A' iontu go léir i scrúduithe na Nollag!"

"B'in an Nollaig, ach céard faoi na torthaí a fuair tú sna triailscrúduithe roimh an gCáisc? Ní raibh siad sin ró-iontach, an raibh?" Lig Cristín osna. Bhíodh an iomad ama á chaitheamh aice le Harvi in ionad a bheith ag díriú ar na scrúduithe sin. Ní raibh aon leigheas aici air, ar sise léi féin. Bhí sí i ngrá!

"Céard a tharla, a Christín? Bhí ag éirí thar cionn leat go dtí seo, an raibh tú tinn le linn na dtriailscrúduithe?"

...... *an-mhaith*

Chroith sí a ceann. Bhí an bhean eile ag cur an dá shúil tríthi.

"Ná caill do mhisneach. Níl ach dhá mhí fágtha go dtí an Ardteist anois; déan do dhícheall, a Christín, ní féidir le héinne níos mó a dhéanamh."

Shiúil sí ar ais go mall go dtí a seomra ranga ansin agus í ag smaoineamh is ag cuimhneamh di féin. Fuair sí drochthorthaí sa 'Mock' agus ní raibh ach dhá mhí fágtha go dtí an Ardteist. 'Céard atá ort?' ar sise léi féin go crosta. 'Cén fáth a bhfuil tú ag ligean dó cur isteach ar gach rud?'

An tráthnóna sin rinne Cristín sáriarracht ar oíche mhaith oibre a dhéanamh. Tar éis uair an chloig, áfach, d'éirigh sí giongach. Sracfhéachaint a thug sí ar huaireadóir chonaic sí go raibh sé díreach tar éis a hocht a chlog. Cá raibh Harvi anois? Oíche Dé Luain, bheadh sé san Ollscoil ag tabhairt léachta do na mic léinn oíche. Céard a bhí á rá aige? Céard air a raibh sé ag cuimhneamh díreach ag an nóiméad seo? Ar chuimhnigh sé uirthi chomh minic is a chuimhnigh sise air siúd? D'fhéach Cristín ar láimhín a huaireadóra ag rith timpeall. Lig sí osna chléibh. B'fhada léi go bhfeicfeadh sí arís é!

...... *corrthónach*

Bhuail cloigín an dorais tosaigh ansin. Uncail Pádraic a bhí ann.

Tháinig sé isteach.

"An raibh seachtain dheas agat sa Fhrainc?" ar seisean.

"Ó, seachtain an-deas ar fad," ar sise, "d'fhoghlaim mé go leor Fraincise."

"Ar thaitin na Francaigh leat?"

"Tá siad an-mhuinteartha ar fad," arsa Cristín. ...... *an-chairdiúil*

"'Raibh d'athair sa bhaile an tseachtain seo?"

"Bhí sé anseo Dé Sathairn ach bhí air dul go Londain ansin go luath maidin inne."

"Cén chaoi a bhfuil sé na laethanta seo?"

"Maith go leor."

"'Raibh aon scéal aige ó Bhaile Átha Cliath?"

Chroith Cristín a ceann. "Ní rabhas i bhfad ag caint leis, chaitheas an oíche i dteach Shinéad, oíche Dé Sathairn."

"Ar chaith tú, mhuis," arsa Uncail Pádraic lena mhalaí ardaithe. Bhraith Cristín go raibh a fhios aige, bhí a fhios aige go raibh sí ag insint éithigh.

Tháinig cuma shollúnta ar chuntanós a huncail ansin. ...... *aghaidh*

"A Christín, tá tú ocht mbliana déag d'aois agus tig leat do rogha rud a dhéanamh ach táim ag tabhairt comhairle do leasa duit nuair a deirim go mbeidh aiféala ort níos déanaí má leanann tú ar aghaidh mar seo." ...... *brón*

Bhí ciúnas eatarthu ar feadh cúpla meandar. Tharraing Uncail Pádraic anáil dhomhain. ...... *soicind*

"Tá tú ar bhóthar d'aimhleasa leis an bhFrancach seo."

"Cé a dúirt . . . . . ."

"Is cuma cé a d'inis dom faoi, níl sé sin tábhachtach. Tá's agam go bhfuil tú ag caitheamh do chuid ama go léir leis in ionad a bheith ag déanamh staidéir don Ardteist. Ní bheidh seans eile agat dul san iomaíocht d'áit sa chúrsa leighis. Cuir críoch leis an gcaidreamh *láithreach* nó duitse is measa é!"

Bhí súile Christín ar leathadh. "Críochnú le Harvi? A Uncail Pádraic, ní fhéadfainn é sin a dhéanamh! Táim i ngrá leis agus tá seisean i ngrá liomsa!"

"Cá bhfios duit go bhfuil sé i ngrá leat, a Christín?" arsa a huncail go bog.

"Duírt sé liom go raibh . . ."

"A Christín, éist liom, buachaill báire is ea é siúd." ...... *cladhaire*

"Ná habair é sin a Uncail Pádraic, ní fíor é!"

"'Bhfuil a fhios agat céard a thugann siad air thíos i Roinn an Bhéarla – *French-kiss-Flaubin*!"

"Ní chreidim thú!"

"Is fíor. Ba iad na mic léinn a bhaist an leasainm sin air. Bhíodh sé ag mealladh cailín dhifriúil gach seachtain nuair a tháinig sé ar dtús! Bhí ar an Ollamh labhairt leis faoi."

"Ní chreidim é sin ach oiread, agus ar aon nós, fiú amháin dá mbeadh sin fíor ba chuma liom mar níl sé mar sin níos mó."

"Nach bhfuil?"

"Níl."

"Agus céard a dhéanfaidh tú nuair a imeoidh sé i gceann míosa?"

"I gceann míosa?"

"Beidh bhur múinteoir Fraincise féin ag filleadh ag tús mhí Bealtaine agus beidh seisean ag dul ar ais go dtí an Sorbonne chun a thráchtas a chríochnú ansin."

Baineadh geit as Cristín nuair a chuala sí an méid seo.

"Ach . . . tiocfaidh sé ar ais anseo ansin, nuair a bheidh a thráchtas críochnaithe aige, tiocfaidh sé ar ais . . ."

"Ní thiocfaidh, a Christín," arsa Uncail Pádraic go bog.

"Tiocfaidh sé ar ais!" arsa Cristín go diongbháilte. "Dúirt sé gur bhreá leis oibriú in ollscoil anseo in Éirinn."

"Éist liom, a stór, tá post léachtóireachta faighte aige cheana san Sorbonne. Beidh sé ag caitheamh an tsamhraidh thall ansin chun a thráchtas a chríochnú is ansin san fhómhar tosóidh sé ina phost nua."

"Cá bhfios duitse?" arsa Cristín go cosantach.

"Nach bhfuil sé ag déanamh a thráchtais faoi stiúir an Ollaimh Ó Badagáin. Fiafraigh de Flaubin é tú féin muna gcreideann tú mé."

D'ísligh Cristín a súile. Cén fáth nár inis sé di go mbeadh sé ag fágáil i gceann míosa? Ó, ní fhéadfadh sé a bheith fíor! Ní fhéadfadh sé a bheith ag imeacht chomh luath sin , ní fhéadfadh!

* * *

"Is oth liom a rá go bhfuil an scéal amhlaidh, *chérie,*" arsa Flaubin ag cur a ghéag timpeall a guaillí an tráthnóna dár gcionn. Bhíodar ina suí ar an tolg in aice na tine ina árasán.

"Ach nach mbeidh tú ag teacht ar ais in aon chor?"

Chroith sé a cheann. "Tá mo cuid oibre anseo beagnach críochnaithe agam. Caithfidh mé filleadh ar Pháras chun breis taighde a dhéanamh. Beidh orm dul go Londain agus go dtí Oxford chun cáipéisí a <u>iniúchadh</u> is ansin ar ais go dtí an Sorbonne." ...... *scrúdú*

"Cheapas . . . cheapas go mbeadh . . . níos mó ama againn le chéile," arsa Cristín go ciúin.

D'fháisc sé chuige í. "Tá mí fágtha againn, *chérie,*" ar seisean go gealgháireach.

"Ach . . . ansin beidh tú imithe . . ."

"Braithfidh mé uaim go mór thú, 'Christín," ar seisean ag pógadh thaobh a muiníl.

"Cén fáth nár inis tú dom go mbeifeá ag imeacht chomh luath sin?" arsa Cristín go sollúnta.

"Níor fhiafraigh tú díom é."

"Ach tá's agat go bhfuilim i ngrá leat, a Harvi."

"Titfidh tú i ngrá arís, *chérie*," ar seisean go réidh.

"Ach . . . dúirt tú go rabhais i ngrá liomsa freisin!" Ní dúirt Flaubin tada. D'éirigh sé ansin is chuir cúpla fód eile móna ar an tine. *'Ó, a Harvi, abair é!'* arsa Crístín ina haigne féin. *'Abair go bhfuil tú fós i ngrá liom! Le do thoil, a Harvi, abair é!'*

Ní dúirt ceachtar acu focal ar feadh scaithimh bhig. Labhair Cristín ansin:

"Ní theastaíonn uaim scarúint leat, a Harvi." Bhí tocht ina glór. Lig sé osna agus bhain sé searradh as a ghuaillí.

"Bhí a fhios agat go n-imeoinn luath nó mall, a Christín."

Líon a súile le deora. Go tobann bhí fonn uirthi pléascadh amach ag caoineadh. 'Coinnigh guaim ort féin! Ar son Dé ná tosaigh ag gol!" ar sise léi féin go húdarásach. ...... *smacht*

"Ach . . . ach . . . cheapas. . ." Bhí creathán ina glór. Ní fhéadfadh sí an abairt a chríochnú.

"Céard a cheap tú? An raibh tú ag súil go bpósfainn thú?" arsa Flaubin.

Bhraith Cristín cnap ag éirí ina scornach. D'fhéach sí air. Bhí faobhar anois ina ghuth, dar léi, agus sórt éigin cruais ina shúile. D'éirigh sí go mall. Cá raibh a cóta? Rug sí ar a cóta. Thug sí faoi deara go raibh a lámh dheas ag crith. 'Guaim! Guaim! Coinnigh guaim ort féin!' ar sise ina haigne. Thosaigh sí ag siúl i dtreo an dorais agus a ceann fúithi aici. D'éirigh Flaubin ina sheasamh.

"A Christín, tar ar ais." Stop sí. Tháinig sé anall chuici. Shleamhnaigh deoir lena súile. Thóg sé a lámh ina lámha féin. "Ó, *chérie*, tá brón orm! Déanaim dearmad uaireanta go bhfuil tú chomh hóg sin. Ní raibh a fhios agam go raibh tú ag tógáil rudaí chomh dáiríre sin. Nach dtuigeann tú, a stór, ní féidir liomsa a bheith ceangailte le haon bhean amháin."

"Ní thuigim," ar sise go ciúin.

"Ná bí ag cur dallamullóige ort féin, a Christín, tá's agat nach bhfanfainn dílis duit . . . tá's agat i do chroí istigh nach mbeinn ábalta." Tharraing sí a lámh uaidh. Chas sí i dtreo an dorais arís. Rug sé uirthi.

"Cén deifir 'tá ort, *chérie*? Ní gá duit imeacht . . ."

(Sliocht as an úrscéal *An Coimhthíoch Caol Dubh*)

? Ceisteanna Tuisceana

1. Cén dea-scéal a bhí sa litir do Christín?
2. Cad a cheap Harvi faoi seo? Cén fáth?
3. Cén fáth a raibh ionadh ar Christín?
4. Ar chuir dearcadh Harvi as di?
5. Cad a cheap an múinteoir gairmthreorach?
6. Cén fáth nár éirigh go maith le Cristín sna triailscrúduithe ('Mocks')?
7. Cén plean staidéir a bhí ag Cristín di féin?
8. Cad a tharla tar éis uair an chloig?
9. Tháinig uncail Pádraic. Cén bhréag a d'inis Cristín dó?
10. Cén chomhairle a bhí ag a huncail di? Cén fáth?
11. Cén fhianaise a bhí ag Pádraic gur buachaill báire é Harvi?
12. Cén scéalta a bhí ag Pádraic a chuir ionadh ar Christín?
13. Conas a ghlac Cristín leis an eolas seo?
14. Céard a bhí le rá ag Harvi faoina phlean agus iad ina suí ar an tolg ina árasán an tráthnóna dár gcionn?
15. Cad a cheap Cristín? Cad dúirt sí?
16. Cén fáth ar líon a súile le deora?
17. Bhí sí ar tí fágáil. Mhínigh Harvi a thuiscint ar chúrsaí grá di. An raibh sé ag insint na fírinne?
18. Bhí sí chun imeacht ach rug sé uirthi. Labhair sé go bladrach. Cad a tharla ansin meas tú?

! Cíoradh

1. Cé na difríochtaí atá idir córas na bpointí sa tír seo agus an córas i Sasana chun áit a fháil san ollscoil áirithe seo a raibh suim ag Cristín freastal uirthi?
2. Cad é do mheas ar thuairimí Harvi ar oideachas na mban? Cén toradh a bhíonn ar an sórt sin dearcaidh?
3. Chuir cúrsaí grá isteach go mór ar an staidéar a bhí le déanamh ag Cristín. An gcuireann rudaí eile isteach ar an staidéar? – Spórt? Brú? Cairde? Bás?
4. Cen sórt duine í Cristín – bunaithe ar an eolas a thugtar sa ghiota seo ina taobh? Cén chomhairle a chuirfeá uirthi?
5. Cén sórt duine é Harvi?
6. Cén sórt é Uncail Pádraic? Cad a bheadh le rá aige le Harvi, dar leat?

Lá Fhéile Stiofán

Pádraig Standún

Scar Bridie agus a fear ó chéile i Sasana. Tháinig sí ar ais go hÉirinn agus bhí sí ag obair mar bhean tí ag Therese. Bhí post maith ag Therese i gceannas ar Údarás na Gaeltachta. Bhí teach ar cíos aici sa cheantar agus bhí Bridie agus a maicín beag Caomhán ina gcónaí sa teach léi. Chaith siad an Nollaig le chéile agus bhí siad sona sásta leo féin.

Nuair a bhíodar réitithe agus an bricfeasta ite acu chuadar siar chuig an teach ósta, a bhí lán go doras ag meán lae. 'Tá sé chomh maith dom a rá go mbeidh na deochanna saor in aisce againn,' arsa Therese, 'leis an méid atá sábháilte againn ar an dreoilín. Bhí leaids beaga chuile áit a bhreathnaigh mé ar an mbealach anoir.'

'Ní éalóimid uathu. Nach mbeidh siad anseo chomh maith le gach áit eile?' Bhí an ceart ag Bridie. Bhí ceoltóirí ag taisteal thart i ngrúpaí, maisc orthu, ag dul ó phub go pub, togha an cheoil acu. Scanraigh na haghaidheanna aisteacha agus na seanghiobail a bhí ar lucht an dreoilín Caomhán i dtosach. Bhí sé ceart go leor nuair a bhain fear a mhasc de, agus thug cead dó é a chur air féin. Thug sé faoi deara freisin a mháthair agus Therese ag baint taitnimh as, agus thosaigh sé féin ag bualadh bos agus ag léim suas agus anuas, ag iarraidh a bheith ag damhsa. *...... seanéadaí*

Tháinig duine acu sin a bhí gléasta suas ag iarraidh Bridie amach i seit in éindí leis. Bhí a fhios aici gur cheart di é a aithint, in ainneoin an chaoi a raibh sé gléasta. Bhí rud eicínt ag baint leis . . . Peadar Ó hAllúráin, a smaoinigh sí. Ach ní raibh Peadar chomh hard.

'Níor chaill tú ariamh é,' ar sé, 'an damhsa.' D'aithin sí ar an bpointe é:

'John!'

'Nach é atá go hálainn.' Bhí sé ag breathnú anonn ar Chaomhán. 'Samhail dheaide. Cá'id go mbeidh mé in ann é a fheiceáil ceart?' Stop Bridie ag damhsa, agus sheasadar beirt amach as an seit. *... cosúil le ... cathain*

'Má thagann tú ag an teach amárach idir a trí agus a cúig.' Shíl Bridie gurb é teach Therese an áit ba shábháilte. Ní bheadh a cara i bhfad uaithi.

'Is beag a cheap mé go gcaithfinn coinne a dhéanamh le mo bhean féin.'

'Ná dearmad gur beag nár mharaigh tú do bhean.' Níor chuir Bridie fiacail ann. 'Bain díot an rud sin,' ar sí, ag tagairt don mhasc. 'Is cosúil é le bheith ag caint le dealbh.' Rinne sé amhlaidh. Leag

Bridie síos na rialacha. 'Má tá tú ag iarraidh do mhac a fheiceáil agus aithne a chur air, is ar mo chuid coinníollachasa a dhéanfas tú é. Leis an bhfírinne a inseacht, b'fhearr liom gan tú a fheiceáil ar chor ar bith. Ach nuair atá athair aige ...'

'Ná bí dian orm, a Bhridie. Tá mé athraithe uilig.'

'Nach minic cheana a bhí tú athraithe uilig.'

'Níor ól mé deoir le dhá bhliain.'

'Níor cheap mé go mbeadh beár sa bpríosún.'

'Tá mé amuigh as an áit sin le deich seachtaine. Bhí neart deiseanna agam dul ar an ól, ach níor ghéill mé. Ní ólfaidh mé deoir arís go deo.'

'Creidfidh mé sin nuair a fheicfeas mé é.'

'Inniu féin, fiú amháin, is mé atá ag tiomáint na leaids thart ó phub go pub. Is mé an t-aon duine acu nach bhfuil ar an ól.' Ní raibh Bridie ag iarraidh go mbreathnódh sí róchairdiúil leis. 'Beidh cead agat Caomhán a fheiceáil óna trí go dtí a cúig amárach.' D'imigh sí uaidh agus shuigh sí síos.

Ní raibh sásamh ar bith ag Bridie ina deoch ná sa gcomhluadar ina dhiaidh sin, agus chuadar abhaile nuair a chríochnaigh siad na deochanna a bhí acu. Rinneadar siúlóid fhada tráthnóna, Caomhán á bhrú rompu ina chairrín beag páiste, a raibh sé beagnach rómhór di. Ach d'éireodh sé tuirseach nuair a bheadh píosa beag siúlta aige. Ní raibh mórán le rá ag ceachtar acu, iad báite ina smaointe féin. Las siad an tine go luath agus chaith siad an oíche ag breathnú ar an teilifís.

Bhí Bridie ar bís le néaróga lá arna mhárach. D'iarr sí ar Therese fanacht thart, nó ar a laghad an carr a bheith le feiceáil nuair a bheadh John ann. Bhí faitíos uirthi roimhe i gcónaí. Ní raibh Therese ag iarraidh a bheith timpeall nuair a thiocfadh sé, ghabhfadh sí amach ag siúl, a dúirt sí, ach d'fhágfadh sí an carr ag an doras tosaigh. Ní bheadh a fhios aige an raibh sí ann nó as. Thiocfadh sí ar ais thart ar a cúig ar fhaitíos go mbeadh gá é a dhíbirt.

...... rachadh

... ar eagla ... chur amach

'Muna mbeidh mé maraithe faoin am sin aige.'

'Aingeal a bheas ann, táim cinnte, agus é ag iarraidh tú a mhealladh ar ais.'

Scaoileadh amach as carr é taobh amuigh den gheata ag a trí a chlog go díreach. Rith sé suas na céimeanna tosaigh, bláthanna ina ghlac aige. Bhí sé chomh haclaí is a bhí sé ariamh, a cheap Bridie, ag breathnú amach trí na cuirtíní lása. Níos aclaí ag breathnú, dá mb'fhéidir é, roinnt meáchain caillte aige ó bhíodar i Londain le chéile.

Rinne sé iarracht póg a thabhairt di nuair a d'oscail sí an doras, ach d'iompaigh sí uaidh. Thug sí na bláthanna do Chaomhán, agus nuair a scaip seisean sa halla iad, d'fhág sí scaipthe iad. Dúirt sí go bhfágfadh sí Caomhán sa seomra suí in éindí leis le go bhféadfaidís aithne a chur ar a chéile, ach ní raibh baol ar bith go bhfanfadh sé sa seomra in éineacht le strainséar.

'Seo é do dheaidí,' arsa Bridie leis.

'Deaidí na Nollag,' a dúirt Caomhán.

'Taispeáin na rudaí a thug Deaidí na Nollag duit do John.' Bhí a fhios aici nach raibh aon mhaith a bheith ag iarraidh 'athair' a mhíniú dó. Bhí John go maith leis agus níorbh fhada go raibh Caomhán ar a shuaimhneas ina chuideachta. D'fhan sé leis fad is a bhí Bridie ag réiteach tae. Nuair a thug sí an tae isteach bhí Caomhán suite ar ghlúin a athar, ag taispeáint dó an clog a thug Santa dó, ag baint ceoil as, ag gáire agus ag bualadh bos. Ba é samhail a athar é i ndáiríre, rud a chuir tocht i scornach Bhridie.

...... *ullmhú*

Bhí an ceart ag Therese. Bhí John ar nós na n-aingeal. Níor chuir sé brú ar bith uirthi. Níor chaintigh sé ar rudaí pearsanta, ná faoi rud ar bith, ach Caomhán. Dúirt sé go raibh sé ag brath ar fanacht sa mbaile ar fad agus go raibh súil aige go bhfeicfeadh an triúr acu a chéile go minic. Bhí an tráthnóna chomh taitneamach sin gur chuir sé iontas ar Bhridie Therese a bheith ar ais chomh luath sin, 'an raibh sé a cúig cheana?'

...... *labhair*

Bhraith sí ag an nóiméad sin iarraidh air fanacht le haghaidh an dinnéir, ach bhí rud eicínt taobh istigh inti ag comhairliú di gan éirí rómhór leis. Ar aon chaoi tháinig carr taobh amuigh len é a bhailiú go luath ina dhiaidh sin. Shocraigh siad go dtiocfadh sé arís an Domhnach dár gcionn ar a trí.

'Tá a fhios agam anois céard a chonaic tú ann,' arsa Therese, nuair a d'imigh sé. *'Filmstar* ceart atá ann.'

'Bíodh sé agat, má tá sé chomh deas sin.'

'Ní thógfainn mar bhronntanas é, ná fear ar bith.'

'Ní raibh an chuairt chomh dona is a bhí mé ag súil leis.'

'Nach iomaí lánúin scartha, ar cuairt ar a gclann ar an gcaoi chéanna.'

'B'fhéidir go n-oibreoidh sé amach ceart ar ball,' arsa Bridie.

'Bí cúramach, nó meallfaidh sé arís thú.'

'Ní mheallfaidh, muis, ach déanfaidh mé iarracht a bheith cairdiúil, ar mhaithe le Caomhán. Ní meáchan ar dhuine aithne a bheith aige ar a athair.'

'Ní aontaím leat ansin, ach sin scéal eile. Déarfainn go ngabhfaidh tú ar ais arís chuige.'

'An as do mheabhair atá tú?'

'Is cuma liom céard a dhéanann tú.'

'An cuma, i ndáiríre?' a d'fhiafraigh Bridie.

'Is é d'fhear céile é.'

'De réir dlí.'

'Ní gan tábhacht é sin.'

'Ní dóigh liom go mbeadh mórán trioblóide agam cealú a fháil ar an bpósadh. Bhí mé óg. Bhí mé ag iompar. Duine foréigneach a bhí ann. Ní mórán tuisceana a bhí ag ceachtar againn ar an saol pósta.'

'Cén fáth nach gcuireann tú isteach ar chealú? Céard a thugann siad orthu? *Annulment* nach ea?'

'Ní theastaíonn uaim pósadh arís.'

'Thaispeánfadh sé dó sin nach bhfuil tú á iarraidh.'

'Ach nach mbeadh sé ag rá ar bhealach eile go bhfuil Caomhán mídhlisteanach? Níl mé ag iarraidh go mbeifí ag tabhairt 'bastard' air ag an scoil.'

'Ní chiallaíonn na rudaí sin tada sa lá atá inniu ann.'

'Ní chiallaíonn, muna duine acu thú,' a dúirt Bridie. 'Deirtear ar aon chaoi go mbíonn ceisteanna gránna á gcur ort má chuireann tú isteach ar *annulment*. Cineál cúirte atá ann, sagairt nach bhfuil a fhios acu tada faoi ag cur ceisteanna uafásacha ort faoi do shaol príobháideach, sagairt nach bhfuil a fhios acu tada faoi mhná nó faoi ghrá.'

'Cá bhfios duit?'

'Baol orthu sagairt thuisceanacha a chur i bhfeighil na hoibre sin. Bheadh a leithéidí ag scaoileadh chomh héasca is a bheadh an chuid eile dá bpósadh.'

'Ciallaíonn sé go leor duit a bheith pósta?'

'Nach bhfuil an craiceann agus a luach agam, mé pósta agus scaoilte, pósta go hoifigiúil, agus scaoilte go neamhoifigiúil.' Rinne Bridie gáire.

'Má chastar fear eile ort?'

'Nílim ag iarraidh fear ar bith.'

'Tá tú óg. B'fhéidir go mbeidh sé níos deacra pósadh a chealú i gceann deich mbliana.'

'Tógfaidh mé lá amháin ag an am. D'fhéadfadh rud ar bith a bheith tarlaithe i gceann deich mbliana. B'fhéidir go mbeidh deireadh an domhain ann roimhe sin. Ní mór d'fhear a bheith ina naomh ceart cruthaithe sula gcuirfinn suim ann.'

(Sliocht as an úrscéal *Cion Mná*)

? Ceisteanna Tuisceana ó Bhéal

1. Cén nós a bhí sa cheantar lá Fhéile Stiofán?
2. Conas a thaitin an teach tábhairne le Caomhán?
3. Conas a bhuail Bridie le John sa phub?
4. Cén fáth a raibh John ag féachaint ar Chaomhán?
5. Cén fáth a raibh eagla ar Bhridie, John a theacht go dtí an teach?
6. Cé na geallúintí a thug John di?
7. Cad a dhein an bheirt bhan agus Caomhán ansin?
8. Cén plean a bhí ag na mná ar eagla na heagla le linn chuairt John ar Chaomhán?
9. Cad a tharla nuair a tháinig John?
10. Conas a réitigh Caomhán agus John?
11. Cad a cheap Bridie faoin gcuairt?
12. Cad a cheap Therese faoi John?
13. Cén fáth a mbeadh Bridie cairdiúil le John anois?
14. Cén fáth a mbeadh sé éasca go leor di cealú pósta a fháil?
15. Cén fáth nach raibh cealú ag teastáil uaithi?
16. Céard a cheap Therese faoi seo?
17. Cad a cheap Bridie faoi phósadh arís?

Domhaintuiscint

1. Cén sórt duine í Bridie, dar leat?
2. An bhfuil grá fós ag Bridie agus John dá chéile? Cá bhfios duit?
3. Cén sórt saoil atá ag Caomhán, dar leat?
4. Cén fáth a ndúirt Therese le Bridie a bheith cúramach nó go meallfadh John arís í, dar leat?
5. Cad ba mhaith le Therese a dhéanfadh Bridie?
6. Cén dearcadh atá ag Bridie ar na sagairt?
7. Is léir ón scéal seo go bhfuil saol an duine an-chasta. Déantar botúin agus leanann cruatan astu. Céard atá le foghlaim faoin saol ón scéal seo dar leat?
8. Céard a dhéanfaidh Bridie agus John anois, dar leat? Céard a dhéanfaidh Therese?
9. Céard a cheapfaidh Caomhán faoin scéal ar fad nuair a bheidh sé fásta suas?
10. Déan comparáid idir an scéal seo agus "An Phiast" atá ar chúrsa na hArdteiste.

Fíniúna agus Fíon

Diarmaid Ó Gráinne

Bhí Marcial agus Sofia ag triall ar Alsace le dhul ag piocadh caor fíniúna ansin mar sin bhuail mise cois in éineacht leo. Toisc chomh fada ó thuaidh is atá Alsace ní bhíonn na caora aibí ansin go dtí mí dheireadh an fhómhair. Mar sin chuamar go Lyons chun traein a fháil go Strasbourg. Lá fliuch gruama a bhí ann agus muid ag bordáil na traenach. Ní fhaca mé an oiread daoine óga ariamh is a bhí ag an stáisiún. Bhí cuma an ocrais orthu ar fad, iad gléasta go dona agus a mbalcaisí ceangailte suas i sreangáin acu. Cheapfá le ...... *a gcuid éadaí*
breathnú orthu go raibh aos óg na hEorpa ar fad ag ardú a sciathán. Chaitheamar an t-am ar an traein ag ól. Bhí mise crua fuinniúil tar éis sclábhaíocht na bhfíonghort agus bhí mé in ann an t-uafás a ól. Ní raibh Marcial agus Sofia basctha ach oiread. Ba é fírinne an scéil go raibh ár ndóthain go binn ólta againn nuair a shroicheamar Strasbourg. Bhíomar tar éis a léamh sa bpáipéar go raibh úinéir i mbaile beag darbh ainm Riquewihr, roinnt ciliméadar ó Strasbourg, ag lorg spailpíní. Rinneamar ar an mbaile sin . . .

Ní raibh i Riquewihr ach sráidbhaile amháin. Feirmeoirí ar fad a bhí ina gcónaí ann cé is moite de thábhairne amháin a bhí sa mbaile agus siopa nó dhó. Bhí an príomhbhóthar féin clúdaithe le leacracha a thug dearcadh meánaoiseach don bhaile uile. Chun treisiú leis an dearcadh seo bhí coill os cionn an bhaile agus caisleán tréigthe ar bharr aille. Sa meánaois ba chosúil go mba chaisleán daingean a bhí ann, an tiarna i gceannas agus é ag féachaint anuas ar a chuid tionóntaí . . .

Bhaineamar tigh Chassins amach le crónтráth na hoíche. Seoladh ...... *dorchadas*
i láthair baintrí muid, bean ard fhionn nár fhéach níos mó ná dhá scór bliain d'aois cé gur fhoghlaim mé ina dhiaidh sin go raibh na trí scór slánaithe aici. Ainneoin a haoise ní raibh ribe liath ina cuid gruaige agus lena súile gorma ní fhéadfá gan an mianach Nordach a shamhlú léi. Labhair sí Fraincis agus Gearmáinis chomh paiteanta céanna . . . Seoladh isteach sa chistin muid áit ar cuireadh tráth bia os ár gcomhair. Ba é Marcial a rinne an mhargaíocht. Labhair Frau Cassins go fuarchúiseach staidéarach. Gheobhadh muid fiche frainc sa ló chomh maith le lóistín agus béile. Agus muid ag caitheamh ár mbéile tháinig beirt ghirseach isteach ón ngort – cailín ard fionn a bhí timpeall scór, darbh ainm Renata, agus cailín ábhairín ramhar darbh ...... *beagáinín*
ainm Karen, a bhí roinnt blianta níos óige ná í. Cuireadh iad in aithne dhúinn agus ba léir go raibh ríméad orthu strainséirí a fheiceáil sa gceantar uaigneach sin. Ag tarraingt ar mheán oíche

tháinig fear óg fionn, a bheadh timpeall deich mbliana fichead, isteach agus cuireadh in aithne dhúinn é. Karl ab ainm dhó agus bhí sé súgach go leor. Nuair a chonaic mé é níor thuig mé cén fáth gur theastaigh cúnamh ar bith ó Frau Cassins. Bhí an oiread spreac ina mac is a bhí i Marcial agus ionam féin le chéile . . .

...... ólta
...... cabhair ...... neart

Ar maidin dúisíodh muid go moch agus chuaigh mé amach ag féachaint ar an mbaile. Bhí ceo ag clúdach na gcnoc i bhfad uaim, cnoic a tuigeadh dhom a bhí taobh le teorainn na hEilvéise. Cé nach raibh sé ach a seacht a chlog bhí an baile ina dhúiseacht agus bean ollmhór fionn a bhí timpeall seacht gcloch déag ag briseadh adhmaid le tua. Thug mé sondas dá cuid matán a chuirfeadh dornálaí i do chuimhne. Ba léir go mba daoine gustalacha iad muintir Riquewihr nár rug an codladh déanach orthu. Níor fhéadas gan an ghoimh gheimhriúil a bhrath sa ngaoith spealltach a shéid anuas ó na cnoic.

...... suntas
...... saibhre
...... fuacht

Faoin am seo bhí an tarracóir ullamh ag Karl agus thiomáineamar amach go dtí na goirt fhíniúna, mé fhéin, Sofia, Marcial, Renata agus Karen. D'fhág Karl na dabhacha i bpáirc mhór agus d'imigh leis. Bhí buntáiste amháin ag na crainn fhíniúna anseo seachas na crainn i Villefrance sa méid is nár ghá dhuit dul ar do chromada ag baint na gcaor. Bhí tú in ann na caora a bhaint i do sheasamh suas. Ba mhór an faoiseamh an méid sin fhéin. Cosúil le Villefrance chuir sé ionadh orm an chaoi a dtagann feirmeoirí beaga na Fraince i dtír ar *circa* fiche acra caor fíniúna. Céard a rinne siad an chuid eile den bhliain? Ba bheag sin cé is moite de shreangáin agus tacaí a choinneáil leis na crainn fhíniúna ar fhaitíos go leagfadh an stoirm iad . . .

...... tobán mór nó poll uisce domhain
...... cromadh síos

Fuaireas mé féin ar aghaidh Renata sa líne anonn. Dúirt sí liom go gcuirtear na fíniúnacha i ndruileanna faoi mar a chuirtear na fataí in Éirinn, agus bíonn óna ceathair go cúig troithe spáis idir gach líne. Nuair a bhítear ag bailiú na gcaor fíniúna seasann duine ar aghaidh duine eile anonn mar gur fusa iad a bhaint ar an dóigh sin. Níorbh fhada a bhíomar ag caint gur chuir Renata ceisteanna orm faoi Éirinn agus mo mhuintir. Ríomhas scéal mo ghinealaigh di ó bhun go barr. D'fhiafraíos di cén fáth nach raibh Karl ag obair sna fíonghoirt agus d'inis sí stair chráite an teaghlaigh dom. Dúirt sí liom go raibh a hathair in arm na Gearmáine le linn an Dara Cogadh Mór. Nuair a bhí an cogadh beagnach thart chuaigh sé ar a choimeád le baicle saighdiúirí in uaimh sléibhe in aice le Riquewihr. Gabhadh é. Chaill sé a shláinte de bharr náire an chogaidh agus cailleadh é go gairid ina dhiaidh sin. Bhí Karl iontach doirte ar a athair agus nuair a cailleadh é chaill sé suim sa saol. D'iompaigh sé ar an ól. Bhí sé ag gabháil dhe arís inniu nuair ba chóir dó a bheith ag obair sna fíonghoirt . . .

...... d'inis mé
...... scata
...... pluais
......ceanúil

Ní raibh fústar ná giodam ar bith ag baint leis an obair anseo

...... deifir

seachas mar a bhí i Villefrance. Deineadh é go righin réidh agus fuair muid neart le hithe agus le hól. Maidir le *schnapps* bhí sin ann agus dalladh. Sa tráthnóna tar éis suipéir chuaigh mé fhéin agus Marcial go dtí an siléar agus rinneamar an fíon. Cuireadh ciorcail clár le chéile i bhfoirm tobáin. Doirteadh na caora fíniúna isteach agus léim na mná orthu ina gcosa boinn gur bhrúigh an súlach amach astu. Fáisceadh na cláir ar a chéile rud a bhrúigh na caora tuilleadh. Shil an súlach isteach i ndraein choincréite a bhí faoi árthach. Cuireadh tuilleadh caor isteach agus fáisceadh an luamhán iarainn agus chuaigh an obair ar aghaidh ar an dóigh sin. Dá bhfeicfeá an fíon seo á dhéanamh diabhal deoch de a d'ólfá le do bheo. Is cosúil go ndéarfaí an rud céanna faoina lán deochanna eile atá ar an margadh.

...... *sú*

Tar éis shaothar an lae bhíodh ár gcuid pléaráca féin againn sa gcistin. Mhúin mé Ionsaí na hInse do mhná Kassens agus do Sofia agus Marcial. Bhíodh seiteanna againn freisin, earra ar chuir Bean Kassens an-suim ann. D'fhág an dreach doilíosach a cheannaghaidh ach d'fhill arís gan mhoill nuair a tháinig Karl ar an láthair agus é ar meisce.

...... *craic*

...... *cuma bhrónach*

Shleamhnaigh mí Dheireadh Fómhair thart. Bhí na caora fíniúna bailithe agus an sniog deiridh fíonta brúite astu. Bhí cúpla lá saoire le cois againn sul má bhuail muid bóthar agus chaith mé an t-am sin ag fiach torc fiáine a bhí go fairsing sna coillte os cionn Riquewihr. Dhíol mé na toirc sin le búistéir áitiúil a raibh gliondar air a leithéid a fháil. Ar deireadh thiar thall d'fhágamar slán ag Frau Kassens agus a clann agus thugamar ár n-aghaidh ar Strasbourg chun filleadh ar Pháras. Bhí an turas treanach ó Strasbourg go Páras ar an turas ba thaitneamhaí dar thug mé riamh. Shníomh an traein a bealach trí ghleannta a raibh foraoisí ar chaon taobh díobh agus grian lag an fhómhair ag coinneáil cuideachta di.

...... *braon*

...... *gach aon*

(Sliocht as an úrscéal *An Traimp*)

? Ceisteanna Tuisceana

1. Cén fáth a raibh Marcial agus Sofia ag dul go hAlsace?
2. Déan cur síos ar an turas go Strasbourg.
3. Déan cur síos ar Frau Cassins agus a clann.
4. Cad a tharla ar maidin?
5. Cén fáth nach raibh an obair róchrua?
6. Cén scéal a bhí ag Renata don údar?
7. Cad a dhein an t-údar tar éis suipéir?
8. Cén spórt a bhíodh acu san oíche?
9. Conas a dhein an t-údar airgead breise?
10. Cá ndeachaigh sé nuair a bhí obair na fíona déanta?

Domhaintuiscint

1. "Bíonn siúlach scéalach" a deir an seanfhocal. Cad iad na scéalta iontais a bhí ag an údar ag filleadh ar Éirinn dó, dar leat?
2. Duine neamhspleách, neamhghnách é an t-údar – an aontaíonn tú leis an ráiteas sin? Tabhair fáth.
3. Cé na buntáistí agus na míbhuntáistí a bhaineann le taisteal agus obair san Eoraip, dar leat? An fiú do dhuine óg a leithéid a dhéanamh?
4. Imirce, deoraíocht, imeacht ón mbaile – brón agus uaigneas an mothú a luaitear leo de ghnáth.
   Taisteal agus fánaíocht atá i gceist sa leabhar seo. Cén mothú atá i gceist?

Fear Faoin gCrann

Alan Titley

Fear a bhí sona sásta leis féin agus é ina chónaí faoi bhun crainn. Bhí sé beo ar na torthaí agus ar na cnónna a thit anuas chuige mar ba chrann é a thál go minic is go fras.

...... *thug toradh.*
...... *flúirseach*

Cos níor ghá dó a luail ach nuair ba mhian leis féin é agus nuair ab éigean dó freagairt do ghlaoch an nádúir.

...... *chorraí*

Lá dá raibh tháinig mac léinn an treo a raibh céim san fhiontraíocht aige ó Ollscoil Luimnigh.

...... *(entrapaneúr) gnó*

"Féach," ar seisean leis an leisceoir faoin gcrann, "an deis iontach atá agat á cailliúint chun airgead a dhéanamh agus dul ar aghaidh sa saol. In ionad na dtorthaí seo a ithe agus na cnónna seo a changailt de réir mar a thiteann cad fáth nach mbailíonn tú iad agus iad a dhíol ar an aonach? Nó, níos fearr fós ná sin, cad fáth nach ndéanfá cuid acu a chur sa talamh ionas go bhfásfadh crainn eile agus go dtitfeadh torthaí eile, agus go bhfaighfeá brabús breise?"

...... *seans*
...... *a chogaint*
...... *proifid*

"Agus cén fáth a ndéanfainn é sin?" d'fhiafraigh mo dhuine as a leathshúil dhúnta.

"Ionas go mbeadh airgead agat, gan amhras."

"Agus cad ina thaobh a mbeadh airgead uaim?"

Cé nach go rómhaith a thuig an mac léinn an cheist thug sé iarracht ar fhreagra a thabhairt mar níor dhíbir a chúrsa foghlama na béasa go léir a bhí aige ó dhúchas.

...... *scrios*

"Voil," ar seisean, arsa an mac léinn, "le dóthain airgid d'fhéadfá rud ar bith a dhéanamh. Níor ghá duit aon obair a dhéanamh. D'fhéadfá do scíth a ligean."

"Cad is dóigh leat atá ar siúl agam anois?" arsa an fear faoin gcrann.

(As an gcnuasach *Fabhalscéalta*)

Cíoradh

1. Conas a chaitheadh an fear faoin gcrann an lá?
2. Cad a mhol céimí Ollscoil Luimnigh dó?
3. Cén freagra a bhí ag an *liairne* díomhaoin?
4. An bhfuil ceacht dúinne san fhabhalscéal seo?
5. Cad é do mheas ar an scéal seo?
   greannmhar? suimiúil? tráthúil? áibhéalach?

...... leisceoir

Seanfhocail

An té a bhíonn díomhaoin bíonn sé drochghnóthach.
Molann an obair an fear.
Gach éinne ag moladh ceirde, agus ní rachainnse féin thar an díomhaointeas.
Ní ar arán amháin a mhaireann an duine.
Capall na hoibre an bia.
Ní bhíonn póca ar an aibíd.
An rud a bhailíonn cníopaire, scaipeann rábaire.
An té a mbíonn bólacht ar chnoc aige, ní bhíonn suaimhneas ar shop aige.
Ní bheidh agat ar ball ach seilbh na sé dtroithe.
Beatha dhuine a thoil.
Ní lia duine ná tuairim.
Ní bheathaíonn na briathra na bráithre.
Tabhairse isteach an mhóin agus cuirfidh mise tine síos.
Chomh díomhaoin le bacach an mhála.

Mac an tSagairt

Micheál Ó Conghaile

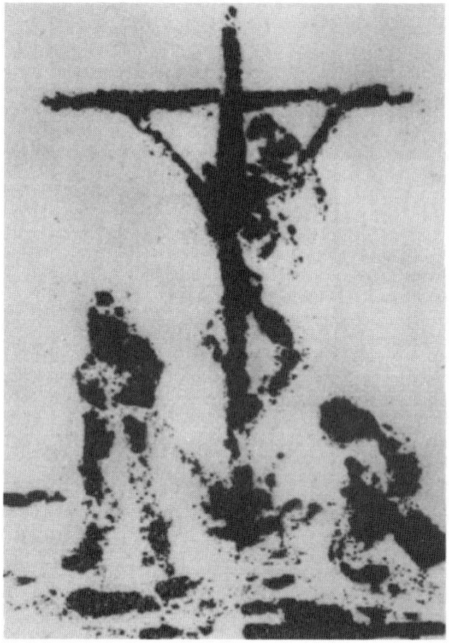

Bhí sé leis féin ina sheomra. Bhí, seachas drioball beag de lasair greamaithe de bhuacais coinneal bheag. Lasair a bhí, mar a bheadh idir dhá chomhairle amanta, cheapfá. Ní raibh de dhifríocht idir ann agus as ach mionsiota gaoithe, dá dtiocfadh aniar aduaidh. Ach cá as a dtiocfadh siota gaoithe istigh i seomra le doras dúnta is gan istigh ann ach ábhar sagairt. Ní osclódh aon duine an doras anocht . . .

Lig sé síos ar a dhá ghlúin é féin arís eile. Bhí an choinneal i lár idir é agus an pictiúr beannaithe . . . an Teaghlach Naofa . . . Íosa, Naomh Iósaf, an Mhaighdean Mhuire. Ba mhinic leis a mhachnamh a dhéanamh os comhair an phictiúir chéanna . . . pictiúr a cheannaigh sé féin blianta sular tháinig sé chuig an gcoláiste i dtosach. An naofacht rúnda a bhain leis an bpictiúr . . . bhí sé le léamh in éadan an triúir acu. Cur i gcéill mar naofacht beagnach . . . ach níorbh ea mar sin féin. Níorbh é díreach an naofacht ach an t-aontas freisin a bhí le feiceáil eatarthu. Aontas dochreidte rúndiamhrach eicínt . . . bhí dáiríreacht iontach aisteach ag baint leis . . . draíocht beagnach. Draíocht a thugadh a theaghlach féin chun cuimhne . . . a mháthair a cailleadh nuair a bhí sé deich mbliana . . . a athair nach raibh aon chuimhne cheart ariamh aige air. Ba shuimiúil leis aithne a bheith aige ar an bhfear céanna. Is beag lá ó b'fhacthas dó gur chuala sé an ghairm ina chluasa i dtosach nach gcuirfeadh paidir lena anam. 'An diabhal bocht,' a deireadh sé leis féin le trua

... eireaball ... solas geal
...... corda i gcoinneal
...... gusta beag
...... éigin
...... glaoch

dó: trua a raibh sórt imní tríd, bhí agus fiú beagán den fhuath, fiú
más i ngan fhios dó féin é. Ba é féin ba chionsiocair leis ar bhealach. ...... *ba chúis*
Ar bhealach eile níorbh é, nó más é ní raibh neart aige air. Meas tú
nárbh iomaí mallacht a chuireadar air nuair a gineadh é?
Chaithfeadh sé gur iomaí oíche chodlata a chailleadar dá bharr . . .
Oícheanta agus laethanta cinniúnacha . . . Ba mhór an buille ar
shagart é. Ba mhór go deimhin sa lá atá inniu ann ní airím an fhad
sin ó shin. Cén rogha a bheadh ag duine ach iad a fhágáil . . . th'éis
iad a fhágáil, a mháthair a phósadh . . . saol nua a thosú . . . saol ar
mhór idir é agus éadaí dubha sagairt, ofráil Aifrinn agus ola
dheireanach . . . Iúdás . . . Thug sé a raibh sa bpictiúr os a chomhair
chun chuimhne . . . Ba é féin a tharraing an clampar ar fad,
d'admhaigh sé, más clampar a bhí ann . . . is suarach ar dúradh leis ...... *raic* ...... *beag*
ariamh faoi, seachas corrthagairt a bhíodh ag dul amú ó am go
chéile. Dá mbeadh a athair beo anois . . . Dá mbeadh . . . Ba mhinic
leis a bheith dá bhodhrú féin faoi scaití . . . go háirithe ó chuir sé ina ...... *uaireanta*
chloigeann dul sna sagairt . . .

Agus bheadh sé ina shagart an t-am seo amárach . . . go deo . . .
Bheadh na mionnaí tugtha . . . Ach dá mbeadh a athair beo anocht
cén chomhairle a bheadh aige dó? Bhí taithí aigesean, bhí sin. Fear a
chonaic an dá shaol. Fear a bhlais an dá shaol. Thuig an dá shaol go
maith freisin . . . má thuig. Nach iomaí rud a bheadh le rá aige leis.
Bheadh a fhios aigesean . . .

Áthas a bheadh air b'fhéidir . . . Aisíoc do Dhia ár n-athair a
bheadh san mac anois. Má d'imigh sé féin ó Dhia bhí toradh na
himeachta úd ag filleadh . . . bhí Dia láidir . . . b'fhearr an sagart a
dhéanfadh an mac, mheasfadh sé. Bheadh rímead air . . . Ach an ...... *áthas*
mbeadh? B'fhéidir nach mbeadh. B'fhéidir gur olc a bheadh air. Dul ...... *fearg*
amú a bhí ar a mhac. Ar seachrán a bhí sé ag dul. Dá mbeadh ciall
aige ní bheadh plé ar bith aige le sagairt. Is fada amach uathu a
d'fhanfadh sé. Ag lámhacán idir trapanna a bheadh sé an chuid eile ...... *siúl*
dá shaol. Rachadh lámh leis amú air lá eicínt. Dhófaí sa tine é dá
bhuíochas. Bhéarfadh an saol amuigh air . . . An domhan mór
millteach scóipiúil . . . Ní bheadh aon teacht ar ais . . . Céard a
dhéanfadh mac an tsagairt!

An milleán sin air dá mba cantal a bhuailfeadh é . . . agus an saol
a ndeachaigh sé tríd. Aifrinn, faoistiní, sacraimintí, seanmóireacht,
aitheanta Dé . . . titim i ngrá , mná . . . a mháthair féin, clann,
pósadh . . . Cén casadh acu nach raibh ina shaol le truisle a bhaint
as . . . Ach b'in é a athair!

Agus amárach . . . Bheadh an lá mór aige féin. Bréagnú ar shaol
a athar ar bhealach. Bheadh an t-easpag ansin agus é go glórmhar,
gaolta, cairde – iad ar fad cruinnithe ina thimpeall. Bheadh daoine á

mholadh . . . Is maith a chruthaigh sé, bail ó Dhia air. Bheadh Dia buíoch de. Bhí sé naofa beannaithe. Dea-shampla . . . Ach meas tú nár dúradh na nithe céanna faoina athair roimhe. Chaithfeadh sé gur dúradh, gur déanadh pléaráca mór lá a oirnithe. Céard a dúradh ina dhiaidh sin . . . Ba é an t-easpag céanna a bhí sa deoise . . . Caora a chuaigh ar strae, a chuaigh i mbradaíl, a d'imigh amú . . . a d'fhéach thar an gclaí is thar a cuid . . . Ba í a mháthair ba chúis leis, tháinig idir é agus a shaol . . . Ach thóg sé beirt. Nach diabhaltaí, a deir sé leis féin, nach raibh sé féin róchraiceáilte i ndiaidh na mban ariamh. Ní hé nach raibh spéis aige iontu ar bhealach, is dóigh, ach shíl sé gan a shuim iontu a dhúiseacht. Ba chuma ach a chéadghairm a shásamh, a leasú, a láidriú agus a thabhairt slán ón tine. Bhí ag éirí leis freisin le lámh ó na sagairt sa gcoláiste. Dhírigh sé a intinn ar an sagartóireacht. Bhí sé sásta go maith. Bhí a fhios aige céard a bhí uaidh. Gairm uasal a bhí roimhe. Gairm naofa. Gairm thábhachtach . . . Bheadh obair chrua air ach má bhí féin. Dhíreodh sé a shaol go hiomlán ar a chuid oibre. Ní thiocfadh tada idir é agus an saol sin. Níorbh ionann agus a athair . . . go deimhin is beag nach ag foghlaim ó bhotúin a athar a bheadh sé ar bhealach. Moladh go minic dó a bheith airdeallach ar an saol mór . . . go raibh cathú an diabhail láidir *...... aireach*
. . . mná . . . B'fhearr iad a sheachaint ar fad go deimhin le bheith ar an taobh sábháilte . . . Bhí cathú an diabhail láidir a deiridís. Bhí sé ag faire i gcónaí. Bhí. Chaithfí troid ina choinne agus diúltú dó . . . Ach bhí cumhacht ag an Maighdean Mhuire freisin. Muinín a chur inti. Paidreacha a rá. Foighid a bheith ag duine . . . agus dóchas. Sheasfadh siad sin an fód dó th'éis chuile rud eile . . . Agus nár chreid sé féin freisin go seasfadh. Níor chreid sé san ealaín sin. Rinne sé amach nach mbeadh siad feiliúnach dó. Ní bhainfidís lena shaol féin. Bheadh saol iomlán aige dá n-uireasa . . . *...... gan iad*

Nach saol den chineál sin a bhí ag an Teaghlach Naofa a mheabhraigh sé dó féin agus é ag féachaint ar an bpictiúr. Teaghlach a tharraingíodh sé os a chomhair go rímhinic, nó d'fhéachadh ar an bpictiúr má bhí ina sheomra. Bhí faoiseamh áirid éigin le fáil sa *...... áirithe*
méid sin. Bhí saol eile ann . . . saol eile seachas an saol a bhí le feiceáil ag síorathrú, ag síorghluaiseacht, ag síorshodar ina thimpeall *...... brostú*
. . . Go deimhin ba shábháil dó a naofacht agus a ghairm i gcoinne an tsaoil sin. Cineál piolla aisteach a bhí ina chreideamh dó. Piolla a chuir cosc ar bhrionglóidí, ar smaointe, ar fhálródaíocht. Bhí an méid sin de bhua aige . . . Maide éamainn i gcoinne gála. Cúl taca *...... maide dorais*
láidir seasta. Cúl taca a chreid sé nach gclisfeadh air. Cúl taca a bhí mar leasú dá mheon is dá thoil . . . Bhí síocháin le fáil sa gcreideamh go léir, sa naofacht go léir . . . Ach bhí níos mó ná sin ann, a dúirt sé leis féin. Bhí foscadh le fáil taobh thiar de na pictiúir bheannaithe, de

na bratacha dubha, de na róbaí Aifrinn . . . Bhí cosaint le fáil ina leithéidí siúd . . . cineál éalú b'fhéidir . . . calm intinne. Tumadh maith in umar an chreidimh aon uair a bheadh sé faoi imní agus bheadh sé armáilte suas arís . . . B'aisteach leis mar a theip ar a athair . . . Chaithfeadh sé go mba chinneadh tobann a rinne sé. Cinneadh nach raibh stair ná taidhleoireacht mar chlaíomh aici . . . D'fhéadfadh sé nach raibh sé ar a chiall beag ná mór . . . de bharr óil b'fhéidir. B'fhéidir nach raibh tada ann ach an méid sin . . . cén neart a bhí aige air mar sin. Dá mairfeadh siad níos faide go mbeadh sé féin in aois céille . . . Bheadh a fhios aige chuile shórt. Bheadh a athair in ann comhairle cheart a chur air . . . b'fhéidir, comhairle nár thrasnaigh intinn sagairt eile ariamh . . . ná intinn easpaig fiú. Níorbh fhéidir taithí a bhualadh, níorbh fhéidir sin. . . ach bhí na sagairt sa gcoláiste go maith dhó mar sin féin. Bhí siad tuisceanach. Bhí daonnacht ag baint leo. Rinne siad a míle dícheall i gcónaí síol na sagartóireachta a bheathú agus a mhúnlú ann.

Ba mhinic a deireadh sé leis féin agus é sa gcéad bhliain gurbh fhada an t-achar seacht mbliana, gur mhór an méid a bheadh foghlamtha ag duine san am sin. B'fhacthas dó anois nár fhada . . . má bhí sách fada ar chor ar bith. Theastaigh seacht mbliana . . . Theastaigh chuile lá de sheacht mbliana ar a laghad le bheith réidh i gceart. Ní bheadh aon dul ar ais . . . níor chóir go mbeadh. Chaithfí a bheith dearfa. Chaithfí a bheith siúráilte, céad faoin gcéad . . . Ach nach raibh sé cinnte? . . . Chomh cinnte le sioc a mheabhraigh sé dó féin arís agus arís eile os chomhair an phictiúir.

...... *socrú*
...... *machnamh*
...... *a fhorbairt*
...... *an t-am*

Bheadh a lá mór féin ann amárach. Lá a bhí ag neadú ina intinn le tamall. Lá a shamhlaíodh sé go minic ó thainig sé chuig an gcoláiste . . . go háirithe dá mbeadh aon aimhreas air. Bhí glóire (...... *amhras*) uasal ag baint leis an lá . . . ach bhí i bhfad níos mó ná sin freisin. Bhí naofacht, rúndiamhracht ag baint leis an lá . . . agus leis an ócáid . . . (...... *mistéir*) Bhí fiú amháin rud eicínt nárbh fhéidir a mhíniú, nár ghá a mhíniú is dóigh . . . Bhí a mhachnamh déanta aige le tamall anuas, go háirithe le seachtain . . . as féin . . . as a stuaim féin. Bhí a intinn spíonta (...... *traochta, tuirseach*) amach. Ach bhí sé chomh cinnte sin . . . Bóthar aonaránach a chuir sé roimhe ar bhealach . . . aistear uaigneach a bheadh ann amanta freisin. Ach bheadh aisíoc le fáil, chreid sé . . . bheadh mar a bheadh pota óir ag bun an bhogha cheatha. Bhí sé ann le fáil ach é a aimsiú. Bhí dualgas air . . . Bhí dualgas air b'fhacthas dó toil Dé a dhéanamh, (...... *a cheap sé*) dlí Dé a leanacht, briathar Dé a scaipeadh.

D'fhéach sé ar an bpictiúr arís . . . an áilleacht a bhain leis . . . an t-aonarachas, an uaisleacht, an tsimplíocht beagnach . . . Chuir sé a mhuinín in Íosa Críost. Chuirfeadh i gcónaí as seo amach. Ní raibh cúis ar bith nach mbeadh leis . . . Níorbh eisean a athair tar éis an (...... *nach n-éireodh leis*) tsaoil. B'eisean an mac. Cén scáth a bheadh air? Cén imní a bheadh air? Ní raibh aon chall le himní. Bheadh a fhios aige tar éis tamaill (...... *aon ghá*) nach mbeadh. Bheadh duine cineál neirbhíseach ar ócáid mar seo ar aon nós – díreach cosúil le duine a bheadh ar tí pósadh . . . Ach bheadh a fhios aige amach anseo go ndearna sé an ceart. Sagart sásta a bheadh ann, gheobhadh sé amach. Údar bróid dá athair agus dá (...... *cúis mhórtais*) mháthair a bheadh ann dá mairfidís beo. Ach cén bhaint a bhí acu leis anois ar aon nós? Bhí dá mbeadh beo. Anois ní raibh. Ní raibh ná le fada. Bhí sé as féin. Ach mar sin féin . . . b'eisean a mac i gcónaí . . . b'eisean a mac an t-am ar fad, cé nach raibh siadsan mar thuismitheoirí aige. Níorbh fhéidir an méid sin a dhearmad . . . Ach b'fhéidir gur olc a bheadh orthu dá mbeidís beo. B'fhéidir gur gráin (...... *fuath*) a bheadh acu air . . . Dá mbeidís beo agus tarraingt roimhe. Céard a dhéanfadh sé? B'in ceist. Ceist nár ghá í a fhreagairt. É féin amháin a bheadh freagrach as féin feasta. Bhí sé cinnte dó féin . . . Bhí a intinn socraithe aige. An t-am seo amárach bheadh sé ina shagart. Chuirfí 'an t-athair' roimh a ainm is a shloinne as seo amach . . . cé gur chuma leis féin dáiríre faoi rudaí mar sin. Bheadh gach rud ar fheabhas, a mheabhraigh sé dó féin arís os comhair an phictiúir bheannaithe. Den uair dheiridh bhí sé cinnte a dúirt sé leis féin, níorbh ionann agus a athair . . .

Ach nach mb'fhéidir go raibh seisean cinnte freisin? B'in rud ait. Hobair don phaidrín sciorradh as a lámha. Ghabh critheán trína (...... *Dóbair*) chorp, i ngan fhios dó beagnach. Dhúisigh sé as a thromluí. Thosaigh dá bhiorú féin suas. Ní raibh fágtha den choinneal ach dúidín gréiseach, ach go raibh fós ag análú. Bhí sé in ann an pictiúr a bhí ar a cúl a fheiceáil fós. An Mhaighdean Mhuire, Naomh Iósaf, Iósa Críost. Shleamhnaigh a shúile ó dhuine go duine. I ngan fhios dó féin beagnach mhothaigh sé mar a bheadh sé ar tí éirí amach ina sheasamh . . . bheadh a fhios aige anois ach a ndúiseodh sé suas ceart é féin . . . Bheadh? . . . Bhí súil aige go mbeadh sula bhfad . . .

...... *píosa beag*

(As an gcnuasach *Mac an tSagairt*)

? Ceisteanna Tuisceana

1. Tá an fear óg ag machnamh go domhain. Cén fáth?
2. Cé na smaointe a spreagann pictiúr an Teaghlaigh Naofa ina aigne?
3. Cérbh iad tuismitheoirí an fhir óig seo? Cén mothú a bhí aige ina dtaobh?
4. Cén chomhairle a bheadh ag a athair dó, dá mairfeadh sé?
5. Bhí trua aige dá athair. Cén fáth?
6. Céard a cheap sé faoina mháthair?
7. Céard faoi na mná óga? Cad dúirt na sagairt leis?
8. Cad déarfadh a athair leis faoi ghairm an tsagairt?
9. An raibh sé cinnte de féin? Cén fáth?
10. Cá bhfios duit go raibh creideamh láidir aige?
11. 'Aistear aonaránach' a bhí roimhe. Cad a bhí i gceist aige leis sin?

Cíoradh

1. "Cád a dhéanfadh mac an chait ach luch a mharú" – leanfadh sé an dúchas. Cén tábhacht atá leis an seanfhocal seo in aigne an fhir óig seo atá le bheith ina shagart? An bhfuil sé cothrom cionta a thuismitheoirí a thagairt dó? ...... *peacaí*
2. Tá a lán ceisteanna in aigne an fhir óig seo agus gan aon fhreagra aige orthu. Conas a d'fhéadfadh a thuismitheoirí cabhrú leis dá mbeidís beo?
3. Tá íoróin sa scéal sa mhéid is gurb é an tEaspag céanna atá sa deoise anois is a bhí nuair a d'fhág athair an fhir óig na sagairt. Cé na smaointe atá in aigne an Easpaig, dar leat?
4. Bhí an fear óg imníoch, cosúil le duine a bheadh ar tí pósadh. Tá an-difríocht idir an dá chás más ea. Cad a bhí i gceist ag an bhfear óg, dar leat?
5. Bhí an Eaglais sásta glacadh leis an bhfear óg seo mar ábhar sagairt cé gur mac sagairt é. Ar chuir sé seo ionadh ort?
6. "Tagraíonn an fear óg go minic dá athair ina mhachnamh os comhair an phictiúir den Teaghlach Naofa ach ar éigean a luann sé a mháthair." Cén fáth, dar leat?
7. Déan comparáid idir an scéal seo agus an giota as an úrscéal 'Dialann Chaoimhe' nó an giota as an úrscéal 'Cion Mná'.

Amanathar

Dráma Raidió le Gabriel Rosenstock

Réamhobair; Foclóir
Oifig nuachtáin: *clóscríobháin/ríomhairí, guthán, facs.*
Lucht oibre; *runaí: tuairisceoir: eagarthóir: eagarthóir cúnta: dearthóir.*
Nuachtán; *príomhscéal: eagarfhocal: gné-ailt, fógraí siamsaíochta, fógraí báis, na réaltaí, saoire, spórt, poist, earraí ar díol, tithe/árasáin ar cíos, litreacha chuig an eagarthóir, anailís ar an bpolaitíocht, cúrsaí reatha agus ealaíne*
Tuairisceoirí; *Comhfhreagraí/tuairisceoir feirmeoireachta*
Comhfhreagraí/tuairisceoir sláinte
Comhfhreagraí/tuairisceoir polaitíochta
Comhfhreagraí/tuairisceoir eacnamaíochta
Comhfhreagraí/tuairisceoir spóirt
Comhfhreagraí/tuairisceoir oideachais
Comhfhreagraí/tuairisceoir Dála
Nuacht; *idirnáisiúnta, náisiúnta, áitiúil, ceannlínte, grianghraif, leagan amach, léamh/ceartú profaí, earráidí cló, earráidí gramadaí, dáileadh: lucht léite: dearadh*

Clóscríobháin ag déanamh torainn in oifig nuachtáin Ghaeilge. Citeal ag beiriú. Cupáin caife á líonadh agus á n-ól. Glao gutháin.

MÁIRE: Amanathar?
GUTH: Ba mhaith liom fógra a chur sa nuachtán le do thoil.
MÁIRE: <u>Toisí</u>? *...... méid*
GUTH: Gesundheit!
MÁIRE: Toisí! Cé chomh mór?
GUTH: Ó. . . bosca . . . bosca beag.
MÁIRE: Fan go bhfeicfidh mé cén méid spáis atá fágtha . . . *(Leis an EAGARTHÓIR)* An bhfuil spás againn le haghaidh fógra bosca?
EAGARTHÓIR: *(Teannas agus greann leamh le brath ar a ghuth)* An bhfuil spás againn le haghaidh– fiafraigh de ar mhaith leis leathleathanach!
MÁIRE: Tá spás againn ceart go leor . . .
GUTH: Ar fheabhas! Agus rachaidh sé isteach in eagrán na seachtaine seo?
MÁIRE: Rachaidh cinnte. Abair leat.
GUTH: Tarbhghadhar – 'Bulldog' mar a déarfá – ar díol–
MÁIRE: *(Á rá ina dhiaidh agus á bhreacadh síos)* Tarbhghadhar – 'Bulldog' mar a déarfá –
GUTH: Ní hea! Ní hea! Fág as Gaeilge é. Is leor tarbhghadhar . . . *(Sos)*
MÁIRE: Haló?
GUTH: Nóiméad amháin le do thoil. Táim ag smaoineamh . . . an dtuigfidís é?
MÁIRE: Fiafróidh mé den eagarthóir, fan soicind.
GUTH: Cén t-eagarthóir atá agaibh i láthair na huaire?
MÁIRE: Éamonn Mac an Bheatha . . .
GUTH: Ó, tá aithne agam ar Éamonn. Abair leis go rabhas ag cur a thuairisce. Tomás Ó hUrmoltaigh ag caint. B'fhéidir go bhfaighinn <u>lacáiste</u> ar an bhfógra uaidh! *... praghas íseal*
MÁIRE: A Éamoinn. Tomás Ó hUrmoltaigh ar an bhfón.
EAGARTHÓIR: Nílim istigh.
MÁIRE: Ba mhaith leis fógra a chur sa pháipéar agus teastaíonn uaidh a fháil amach an dtuigfí an focal tarbhghadhar.
EAGARTHÓIR: Tarbhghadhar? 'Bulldog' ab ea? Cá bhfuair sé é sin?
MÁIRE: Amach as <u>de Bhaldraithe</u> is dócha. Cad déarfása, a Phádraig? *... Foclóir Béarla-Gaeilge*
EAGARTHÓIR CÚNTA: Tuigfear tarbh agus tuigfear gadhar: éinne nach bhfuil in ann an dá fhocal sin a chur le chéile ní dócha go

mbeadh sé ag léamh Amanathar.

EAGARTHÓIR: *(Go ciniciúil)* Ar eagla na heagla, abair leis grianghraf den ghadhar a sheoladh isteach: ní fhéadfadh aon mhíthuiscint a bheith ar éinne ansin. Táimid an-ghann ar ghrianghraif an tseachtain seo mar a tharlaíonn. ...... *íseal*

MÁIRE: *(Ar an bhfón)* Aon tseans go mbeadh grianghraf den ghadhar agat?

EAGARTHÓIR: Stop! Ní rabhas ach ag magadh . . . 'Chríost.

GUTH: Grianghraf? Tá, scata. Ní bheadh costas breise ar an bhfógra dá bharr, an mbeadh?

MÁIRE: Nóiméad amháin le do thoil.

EAGARTHÓIR: *(Sna trithí dubha gáire)* Níl sé chun – níl sé chun grianghraf den ghadhar a chur chugainn, an bhfuil?

GUTH: Haló? An bhfuil tú ansin?

MÁIRE: Tá sea –

GUTH: Dubh is bán nó daite?

MÁIRE: *(Leis an EAGARTHÓIR)* Dubh is bán nó daite?

EAGARTHÓIR CÚNTA: *(Os cionn an gháire go léir)* Ní fhéadfadh sé an gadhar a chur ag seinm ar an bpianó, an bhféadfadh?

MÁIRE: Abraimis dubh is bán mar sin . . .
Cad a – cad a – *(ag iarraidh an gáire a chosc)* Cad a bheidh ar siúl ag an ngadhar?

GUTH: Mo leithscéal?

MÁIRE: An mbeidh sé – ina shuí – nó –

EAGARTHÓIR: Ag déanamh a mhúin . . .

MÁIRE: Ina sheasamh nó an mbeidh sé ag rith nó ag léim nó –

GUTH: Sí . . .

MÁIRE: Sí . . .

GUTH: Baineann.

MÁIRE: Ó . . .
(Leis an EAGARTHÓIR) Tarbhghadhar baineann dála an scéil.

EAGARTHÓIR: *(Lag ag gáire)* Ní raibh fhios agam go raibh a leithéid de rud ann agus tarbhghadhar baineann – bóghadhar is dócha a thabharfá ar a leithéid, ab ea? Bóghadhar ar díol, ag Teaghlach Gaelach.
Margadh maith . . .
Ní hea, ná bac an 'bloody' fógra – scéal don chéad leathanach é seo:
BÓGHADHAR AIMSITHE AG AMANATHAR.
IONTAS AR ZÚ-EOLAITHE . . .
(Gáireann siad go léir. Ar ais chuig fuaim na gclóscríobhán)

EAGARTHÓIR CÚNTA: *(Leis féin)* Zó-eolaithe an focal ceart, ní zú-eolaithe. . . zú-eolaí is ea. . .

(Éagann an fhuaim. Fuaim na gclóscríobhán ar fud an bhaill)

EAGARTHÓIR: Cé tá ag tuairisceoireacht dúinn sa Dáil?

EAGARTHÓIR CÚNTA: Mac Giolla Rua.

EAGARTHÓIR: Gawd!

A Mháire, más féidir teacht air i gcaitheamh an lae abair leis nach gá dó a shaol ar fad a chaitheamh ann. Caithfidh sé bualadh trasna an bhóthair chuig Buswell's roimh 5.30. ...... *óstán*

MÁIRE: Raidht, Éamoinn. Cad tá ar siúl?

EAGARTHÓIR: Leabhar filíochta le Stiofán Ó Ruairc á lainseáil.

EAGARTHÓIR CÚNTA: Leabhar eile? Cad is teideal dó?

EAGARTHÓIR: Ní deir sé ar an gcuireadh agus chun na fírinne a rá is cuma sa diabhal liom ach dealraíonn sé nach bhfuil aon ní níos suimiúla ag tarlú tráthnóna.

A Mháire?

MÁIRE: Mmm?

EAGARTHÓIR: Faigh Breandán sa Ghúm, beidh sé in ann léirmheas a scríobh dúinn thar oíche. Cén t-am é? A Mhaighdean, ceathrú chun a ceathair. An bhfaca éinne agaibh Yorkie Bar ina luí thart anseo? ...... *Foilsitheoirí leabhar Gaeilge*

(Strus agus frustrachas le brath ar a ghuth)

Tá duine éigin ag ithe mo chuid Yorkies go léir!

EAGARTHÓIR CÚNTA: Ní mise.

MÁIRE: Breandán ar líne a ceathair duit, a Éamoinn.

EAGARTHÓIR: A Bhreandáin! Ní gearánta is dócha . . . is tú féin? Aon scéal? Cogar, an bhfuil tú ag dul chuig Buswell's tráthnóna? Níl cuireadh agat? Níor stop sé sin cheana tú. Leabhar nua le Stiofán Ó Ruairc . . . Leabhar filíochta . . . sea, cnuasach eile . . . tá's agam . . . an scríobhfá léirmheas dúinn? Ceithre chéad focal . . . Dia leat . . . maith an fear . . . agus cogar, ar eagla nach mbeadh éinne againn i láthair . . . tá Mac Giolla Rua sa Dáil, b'fhéidir go mbeadh seisean ann, ach ar eagla na heagla, an scríobhfá rud éigin ar an ócáid féin dúinn chomh maith . . . cinnte beidh íocaíocht bhreise . . . cé a bhí i láthair . . . cad dúradh etc . . . . *pá*

MÁIRE: Stiofán Ó Ruairc, líne 12.

EAGARTHÓIR: Tá go maith, slán a bhuachaill – abair leis an nGúm fógra a chur chugainn . . .

(Ar líne eile)

Stiofán, a chara . . . *(Osnaíl fhada, strus agus tuirse le haithint ar a ghlór)*

MÁIRE: *(I gcogar)* Do Yorkie, a Éamoinn . . . bhí sé faoi bhun an chairn pháipéir seo.

EAGARTHÓIR: *(Á oscailt agus á chogaint)*

Táim fós anseo, a Stiofáin, tá. Lón déanach á ithe agam. Tá, táimid an-ghnóthach. Gabh mo leithscéal? Cinnte fuaireamar an cuireadh, cinnte agus go raibh maith agat . . . faraor, drochsheans go mbeidh mé féin i láthair ach beidh ionadaí amháin ar a laghad ó Amanathar ann.

MÁIRE: Táimse ag dul ann freisin.

EAGARTHÓIR: Agus beidh Máire ann, ní hea, Máire seo againne. Bhuel, táim i lár an phríomhscéil bhfuil fhios agat . . . tá's agat féin . . . féach, má bhíonn ar mo chumas a bheith ann feicfidh mé ann tú . . . ceart go leor? Cad é? Bhíos ag cuimhneamh go dtabharfainn do Bhreandán é . . . Breandán Ó Lúing, sa Ghúm . . . ní raibh fhios agam é sin . . . dáiríre? Bhuel dá mbeadh an léirmheas diúltach amach is amach – ionsaitheach gan ghá abair, ní fhoilseoimis é agus sin sin . . . bhuel, tá faighte amach againn gur féidir brath air . . . tá an caighdeán aige . . . ní gá leathuair an chloig a chaitheamh á cheartú nó á athscríobh . . . tá's agam go bhfuil rudaí eile ann seachas an caighdeán . . . sea, ach is clóscríobhaí maith é chomh maith agus nuair a bhíonn tú faoi bhrú mar a bhímidne anseo go minic is maith leat rud soiléir slachtmhar a fháil . . . uaireanta is féidir an stuif a fhaighimid uaidh a chur caol díreach go dtí na clóchuradóirí gan oiread is marc amháin air . . .

...... Gaeilge chruinn

...... le priontáil

Tá glaoch ag teacht isteach ar líne eile, a Stiofáin . . . má fhéadaim in aon chor . . . slán, a bhuachaill. Tabhair aire duit féin . . .

(Cuireann sé síos an guthán. Brúnn sé an chathaoir go borb uaidh agus é ag éirí)

Táimse ag dul trasna an bhóthair . . . éinne ag teacht?

MÁIRE: An iomarca le déanamh anseo agam, is baolach, má táim le bheith in Buswells ag 5.30.

EAGARTHÓIR: Cad fút féin?

EAGARTHÓIR CÚNTA: Beidh courier chugainn i gceann 10 nóiméad le profaí leathanach . . .

EAGARTHÓIR: 14 agus 15? Caithfimid rud éigin a dhéanamh faoi na réaltaí. Bean rialta ó Chorcaigh ar an bhfón liom an lá cheana. D'aithin sí gurb iad na réaltaí céanna iad a bhí i gcló i 1985.

MÁIRE: Cad dúraís léi?

EAGARTHÓIR: Níor mhaith liom a rá. *(Amach an doras)*

EAGARTHÓIR CÚNTA: An gcuirfidh mé an glas ar an doras?

MÁIRE: Dein.

(Osnaíl suiríochta . . .)

"A Phádraig!" "A Mháire!"

(Sos. Fuaim na gclóscríobhán arís.)
EAGARTHÓIR: *(Ag teacht isteach)*
Ar tharla aon rud fad a bhíos amuigh?
EAG. CÚNTA agus MÁIRE: Faic.
EAGARTHÓIR: *(Ag scrúdú leathanaigh)*
An bhfuil sé seo ceartaithe?
EAGARTHÓIR CÚNTA: Cén rud?
EAGARTHÓIR: An píosa cacamais seo ó Chorr na Móna. ...... *ráiméis*
EAGARTHÓIR CÚNTA: Tá.
EAGARTHÓIR: Caoirigh móra?
EAGARTHÓIR CÚNTA: Caoirigh móra . . . sea?
EAGARTHÓIR: Nach caoirigh mhóra é?
EAGARTHÓIR CÚNTA: Eisceacht is ea an chaora . . . caoirigh móra, caoirigh beaga.
EAGARTHÓIR: Conas?
EAGARTHÓIR CÚNTA: Ná fiafraigh díomsa. Ní mise a chum na rialacha. Íoctar mé as iad a chur i bhfeidhm, sin uile.
EAGARTHÓIR: Féachann sé an-aisteach. Caoirigh móra. Tá tú cinnte?
EAGARTHÓIR CÚNTA: Deimhneach.
(Sos)
EAGARTHÓIR: Ach cad is brí leis an alt?
EAGARTHÓIR CÚNTA: Conas, cad is brí leis?
EAGARTHÓIR: Níl aon bhrí leis. Níl aon bhrí in aon chor leis!
EAGARTHÓIR CÚNTA: Tá!
EAGARTHÓIR: Níl!
EAGARTHÓIR CÚNTA: Tá!
EAGARTHÓIR: Níl a deirim leat!
EAGARTHÓIR CÚNTA: B'fhéidir nach gciallaíonn sé mórán duitse, a Éamoinn, ach is scéal tábhachtach é do phobal Chorr na Móna.
EAGARTHÓIR: Pobal Chorr na Móna! An gcloiseann tú é?
MÁIRE: Tóg go bog é. Nach cuma sa sioc . . .
EAGARTHÓIR: Ní cuma. Pobal Chorr na Móna? Cé mhéid léitheoirí atá againn i gCorr na Móna? Duine? Beirt? Caitheann tú an lá ar fad ag fiach sínte fada, ag cur h-anna isteach anseo ag baint h-anna amach ansiúd, an léann tú an stuif in aon chor? Níl anseo ach seafóid – cur amú ama – ...... *lorg*
(Ag déanamh liathróide den alt agus á chaitheamh isteach san araid bhruscair.)
(Sos. An tEAGARTHÓIR ag análú go trom. Socraíonn sé síos beagán)
Aon mholadh ag éinne agaibh conas a líonfaimis an spás seo ar

leathanach na litreach? *(Sos)*

MÁIRE: Tá grianghraf anseo ón scannán nua le Woody Allen.

EAGARTHÓIR: Taispeáin dom . . . huth! An dríodar arís . . . conas go dtugtar an dríodar dúinn i gcónaí? Bhí pictiúir i bhfad níos fearr ar an 'Tribune' agus 'In Dublin' le déanaí. Ní dhéanfaidh sé cúis. Nach bhfuil aon rud níos – nach páipéar Gaeilge sinn? An ndéanfá cupán caife dom le do thoil . . .

MÁIRE: Cinnte, Éamoinn.

EAGARTHÓIR: Nach bhfuil oiread is grianghraf amháin againn a bhaineann le himeachtaí Gaeilge? *(Sos)*

EAGARTHÓIR CÚNTA: D'fhéadfadh go mbeadh grianghraf ar fáil ón lainseáil tráthnóna.

EAGARTHÓIR: Stiofán Ó Ruairc. 'Egotist' na bliana. Go hálainn . . . nach bhfuil fhios agat go maith nach mbeadh sé againn in am. Beidh an leathanach seo á scannánú ag leath uair tar éis a naoi maidin amárach mar is eol duit go rímhaith . . . ní féidir brath air go mbeidh sé againn in am . . .

(Cloistear an citeal ag crónán).

MÁIRE: Tá grianghraf anseo againn ó Chomhdháil Aontas.

EAGARTHÓIR: Taispeáin dom é.

Tharla sé seo deich lá ó shin . . . 'Chríost, caithfidh go bhfuil dhá scór cloigeann sa phictiúr seo. Ní aithneodh a máithreacha féin an chéad sraith díobh. An bhféadfá litir a chumadh . . . A Phádraig, an bhféadfá litir a chumadh?

EAGARTHÓIR CÚNTA: Is dócha go bhféadfainn.

EAGARTHÓIR: Is dócha go bhféadfá?

EAGARTHÓIR CÚNTA: Bernadette Ní Loingsigh arís?

EAGARTHÓIR: Bernadette, sea. Ní raibh gíocs aisti le cúpla mí. Fágfaidh mé fút féin é . . . RTÉ, Bord na Gaeilge, Opus Dei . . . rud ar bith ach a bheith gearánach. Faigh 'angle' nua.

EAGARTHÓIR CÚNTA: Tá go maith.

(Fuaim na gclóscríobhán. Glao gutháin.)

MÁIRE: Amanathar? Sea? Sea?. . . Cé tá ag caint led thoil? UFO? *(Slogann a seile)* I mBaile Bhlainséir... nóiméad amháin.

(Leis an EAGARTHÓIR) Duine éigin ag tuairisciú UFO . . .

EAGARTHÓIR: Nílim istigh.

MÁIRE: *(Ar an bhfón)* Tuigim, a dhuine uasail . . .

EAGARTHÓIR: An gealt é an dóigh leat?

MÁIRE: Níl fhios a'm. Ar mhaith leat labhairt leis?

EAGARTHÓIR: Ní hé Mac Giolla atá ann ag glaoch ón Dáil?

(Go foighneach) Cén líne?

MÁIRE: Líne a deich . . .

EAGARTHÓIR: Haló? Sea?

MÁIRE: Seo do chuid caife. Beidh sé uait, a déarfainn.

EAGARTHÓIR: Mise an tEagarthóir, sea. *(Ag ól a chuid caife)* Éamonn Mac an Bheatha . . . Dia is Muire dhuit . . . tuigim . . . ar ghlaoigh tú ar éinne eile faoi seo? Cad faoi RTÉ nó na Gardaí . . . nó an tArm? Ba mhaith leat an scéal a bheith ag Amanathar ? Is deas uait é sin a rá . . . tuigim, is Gaeilgeoir tú . . . Maolsheachlainn . . . litrigh le do thoil . . . tá sé sin agam . . . Maolsheachlainn Ó Cinnéide . . .
(Leis an gcuid eile) Gealt! Gealt críochnaithe!

MÁIRE: Sin é a mheasas.

EAGARTHÓIR: *(Ar an bhfón)* Is baolach go bhfuil ár ngrianghrafadóir gafa i láthair na huaire . . .

EAGARTHÓIR CÚNTA: Cén 'bloody' grianghrafadóir!

EAGARTHÓIR: *(Ar an bhfón)* Níl ceamara maith agat féin, an bhfuil? Níl . . . cén saghas iad na cuairteoirí seo? Dath oráiste? Tuigim . . .

EAGARTHÓIR CÚNTA: Lucht leanúna Paisley landáilte.

EAGARTHÓIR: *(Leis an gcuid eile)* Tá sé seo ar fheabhas! *(Ar an bhfón)* 'Bhfuil siad tugtha faoi deara ag éinne eile amuigh ansin? Níl . . . sa gharáiste agatsa atá siad. Agus cé mhéad acu atá ann a dúraís? Dhá scór nó mar sin? Caithfidh go bhfuil garáiste an-mhór agat . . . Ó, tá siadsan an-bheag. Níl aon tuairim agat cad tá uathu, an bhfuil? Tá siad ina gcodladh? Traochta i ndiaidh a n-aistir fhada ní foláir.

MÁIRE: A Éamoinn, an courier ag an doras le leathanaigh 14/15.

EAGARTHÓIR: Maith dhom cur isteach ort, a Mhaolsheachlainn, tá gnó práinneach a gcaithfidh mé déileáil leis i láthair na huaire. An nglaofá ar ais uair éigin le do thoil – sea, nuair a bheidh siad ina ndúiseacht. Díreach!

(Cuireann sé síos an fón)

"Glaoifidh agus fáilte," ar seisean . . . agus é an-bhéasach. Ar chuala éinne agaibh trácht ar Mhaolsheachlainn Ó . . . cén sloinne a bhí air arís?

EAGARTHÓIR CÚNTA: *(Crith ina ghlór)* Ó Cinnéide?

EAGARTHÓIR: Ó Cinnéide, sea . . .

EAGARTHÓIR CÚNTA: *(Alltacht air)* Maolsheachlainn Ó Cinnéide?

EAGARTHÓIR: Sea . . .

EAGARTHÓIR CÚNTA: Eisean a bhí ar an bhfón?

EAGARTHÓIR: Is é. . .

EAGARTHÓIR CÚNTA: Go sábhála Dia sinn!

EAGARTHÓIR: Cad é? 'Bhfuil aithne agat air?

MÁIRE: Cad tá ort, a Phádraig? Ta súil agam nach bhfuil sé ag fáil ceann de na 'panic attacks' arís.

EAGARTHÓIR: Cad tá ort?

EAGARTHÓIR CÚNTA: Níl ann ach – tá sé seo an-aisteach ar fad – an rud is aistí riamh – ní – ní chreidim é seo. Bhí taibhreamh agam arú aréir – bhí glandearmad déanta agam air go dtí anois – bhí an scúp ba mhó a bhí riamh ag Amanathar, an scúp ba mhó a bhí riamh ag aon pháipéar Éireannach, cad tá á rá agam – ag aon pháipéar ar domhan: bhí an chéad leathanach d'Amanathar ar gach stáisiún teilifíse ar fud na cruinne . . . aon tuairim agaibh cad a bhí ann?

MÁIRE: In ainm dílis Dé –

EAGARTHÓIR CÚNTA: Feicim chomh soiléir anois é:

"Sensational photo of alleged aliens taken by a Mr. Malachy Kennedy, Blancherstown, Ireland . . ." (Sos)

EAGARTHÓIR: Níl tú 'cracking up', a Phádraig, an bhfuil?

(Sos)

EAGARTHÓIR CÚNTA: Nílim. Ar mo Leabhar Breac . . . tharla sé . . .

EAGARTHÓIR: Mar mhagadh atá tú. . . *(Buartha)*

MÁIRE: Íosa Críost na bhFlaitheas . . . tá cuma an-mhílítheach air . . . bhfuil sé chun titim i bhfanntais? Oscail cnaipí a léine, a Éamoinn. An bhfaighidh mé deoch uisce duit?

(Sos)

EAGARTHÓIR: *(Ag scaoileadh cnaipí a léine)*

'Bhfuil tú ceart go leor?

EAGARTHÓIR CÚNTA: Táim . . . *(Sos)*

Tharla sé, a Éamoinn . . . tharla sé. . . gan aon bhréag.

EAGARTHÓIR: *(Le Máire)* Féach suas M. Ó Cinnéide san Eolaí Teileafóin le do thoil . . . *(Sos)*

MÁIRE: Níl sé ann . . .

EAGARTHÓIR: Feic Kennedy, Malachy . . .

A Phádraig, an cuimhin leat an raibh aon taibhreamh riamh cheana agat . . . faoi rud éigin a bhí le tarlú . . . agus gur fíoraíodh é . . .

MÁIRE: Níl sé ann . . . níl sé sa leabhar . . .

EAGARTHÓIR CÚNTA: Ní cuimhin liom . . . bhí . . . faoin gCluiche Ceannais . . . ach ní raibh an ceart agam. Ciarraí a bhuaigh an cluiche.

EAGARTHÓIR: Bhuel, ní gá go mbeifeá i gceart an t-am go léir, is dócha.

(Le Máire) Glaoigh ar na Gardaí i mBaile Bhlainséir féachaint an bhfuil aon eolas acu air . . . glaoigh ar . . . glaoigh ar gach duine . . .

MÁIRE: *(Cnaipí an ghutháin á mbrú aici faoi dheifir)*

Hello? *This is* Amanathar, *the Irish language newspaper. I wonder could you help us? We're trying to trace a call, now it could have come from a public telephone . . . yes, one Mr. Malachy Kennedy . . . that's right . . . but we think he might go under his Irish name . . . Maolsheachlainn Ó Cinnéide . . . spell it? M for Mary, a for apple . .. no apple. . . I'll start again. . . M,A,O,L, S, H, E, no, E, A, C, H, L, A — sorry, just a minute . . .*

EAGARTHÓIR: *I double N. . .*

MÁIRE: *I,N,N. That's right. It's rather urgent if you wouldn't mind. You'll ring us back? That's very kind of you, yes,* Amanathar , *853845. Máire is my name . . . yes, that's simple enough! Thank you . . .* Slán . . .

(Fuaim na gclóscríobhán. Imeacht ama curtha in iúl)

EAGARTHÓIR: Cuir an Nuacht ar siúl.

(Cloistear an t-amhran 'Mé Féin is mo Mhate' agus ina dhiaidh sin Ceannlínte Nuachta ar R na G)

EAGARTHÓIR: Níor ghlaoigh na Gardaí ar ais?

MÁIRE: Níor ghlaoigh.

EAGARTHÓIR: Cac mo ghadhair agus clúmh air – cac mo tharbhghadhair! An bhféadfaimis aon rud a scríobh faoi chac gadhar ar na cosáin, i mbliain seo an Mhillenium is gach rud . . . nó gadhair ag marú caorach . . . déan dearmad air . . . nílim ach ag rámhaille . . . cá bhfuil Pádraig?

MÁIRE: Tigh an asail . . . níl a bholg rómhaith.

EAGARTHÓIR: Rudaí beaga oráiste ina gcodladh i ngaráiste . . .
MÁIRE: Dá mbeadh tiúin agat dó . . .
EAGARTHÓIR: Cad é?
MÁIRE: D'fhéadfá é a chanadh: rudaí beag oráiste ina gcodladh i ngaráiste!
EAGARTHÓIR: Buíochas le Dia nach bhfuil tusa á ghlacadh i ndáiríre. Ar feadh tamaill ansin mheasas go raibh an fhoireann go léir imithe le histéire . . . fág an 'answer-phone' ar siúl agus fág nóta do Phádraig. Seo linn chuig Buswell's.
MÁIRE: Cuidím leis an rún sin. Tá súil agam go mbeidh ceapairí acu. Táimse stiúgtha . . . hé, cad faoi do chuid caife?
EAGARTHÓIR: Táim im leathghealt aige . . . mhol an dochtúir dom éirí as.
MÁIRE: Cad tá ort, *hypertension* ab ea?
EAGARTHÓIR: 'Cardiac neurosis' . . .
MÁIRE: Jaysus, cad é sin?
EAGARTHÓIR: Nílim róchinnte. Caithfimid comhfhreagraí leighis a cheapadh ar an bpáipéar. Seo, téanam ort!

(Atmaisféar meidhreach lainseála. Guthanna. Gloiní. Tar éis tamaillín cloistear guth ar lorg ciúnais)

GUTH 1: Ciúnas! Ciúnas anois le bhur dtoil.
GUTH 2: *Bit o' hush now lads . . .*
GUTH 1: Ciúnas!
Ba mhaith liom iarraidh ar Stiofán dán a léamh dúinn as a chnuasach nua 'Ar Imeall an Cheo'.
(Guthanna: "Shhhh! Tabhair seans dó. Ciúnas!")
STIOFÁN Ó RUAIRC: *(Ag léamh)*

Cé mé
N'fheadar?
Ní heol don ghaoth
Ní heol don ulchabhán
I bhforaoisí dorcha an cheo . . .
Cad tá ionam?

GUTH 3: Chancer !
(Sciotaraíl ar fud an tseomra)
STIOFÁN Ó RUAIRC:

Cé mé
N'fheadar?
Ní heol don ghaoth
Ní heol don ulchabhán
I bhforaoisí dorcha an cheo.
Cad tá ionam?

(Cloistear sciotaraíl arís ó bhun an tseomra. Stopann an file, ach leanann sé air arís).

Is mé gob an ulchabháin
Is mé an luch ina chrobh
Is mé an ceo . . .

(Sos)

Gura míle maith agaibh.

GUTH 1: Gura míle maith agat, a Stiofáin.

(Bualadh bos lag, monabhar cainte ag ardú, fuaim na ngloiní)

BREANDÁN Ó LÚING: Conas tá an misneach?

EAGARTHÓIR: Go diail ar fad, a Bhreandáin.

BREANDÁN Ó LÚING: Seo é an léirmheas a bhí uait.

EAGARTHÓIR: Ní fhéadfadh go bhfuil an leabhar léite cheana agat?

BREANDÁN: Nach mé a cheartaigh na profaí!

EAGARTHÓIR: Ó . . . tá sé scríofa agat le tamall mar sin, an bhfuil?

BREANDÁN: Ar ndóigh, níor ghá dom é a léamh chun an léirmheas a scríobh. Cad tá ann ach an Ruairceach sa tóir air féin mar a bhí riamh agus mar a bheidh go brách le saol na saol, Áiméan.

EAGARTHÓIR: Níl sé sin féaráilte. . .

BREANDÁN: An uair seo tá an ceo idir é agus léas, seachas sin ní fheicim aon difríocht idir é agus na cnuasaigh eile aige go dtí seo.

EAGARTHÓIR: Tá súil agam nach bhfuil ceap magaidh déanta agat de: cuirfear an milleán ormsa, tá's agat.

BREANDÁN: Léigh é sula ndéarfaidh tú a thuilleadh.

EAGARTHÓIR: *(Á léamh)* Mmmm . . . tá sé seo go maith bhfuil fhios agat . . . an-mhaith . . . "Ní ceo fisiciúil ná meitifisiciúil é seo ag an Ruairceach ná an ceo draíochta féin ach gaiste nó priacal a chruthaigh sé féin chun a chuid dánta a chrochadh arís ar théama seo na tóraíochta. Ceo tanaí atá anseo againn agus na dánta da réir . . ." An-mhaith – ach marófar mé mar sin féin. Conas a dhéanann tú é?

BREANDÁN: Bhí cúpla pointe gramadaí ar lorgaíos an dara tuairim ina dtaobh agus mar bhónas fuaireas tuairim i dtaobh na ndánta chomh maith ó mo chomhghleacaithe sa Ghúm. Tugaimse Scoil na Léirmheastóireachta Daonlathaí ar an saghas seo scríbhneoireachta . . .

EAGARTHÓIR: Seo chugainn é . . .

STIOFÁN Ó RUAIRC: Ithigí suas, a bhuachaillí. Tá go leor ceapairí fágtha . . . Reality Sandwiches mar a dúirt an té a dúirt . . .

BREANDÁN Ó LÚING: Go seinne siad thiar ort!

STIOFÁN Ó RUAIRC: Gabh mo leithscéal?

(Fógra poiblí: "Telephone call for Mr. Malachy Kennedy. Mr.

Malachy Kennedy, please come to Reception. Thank you.")
Tá an clúdach go deas, nach bhfuil?

EAGARTHÓIR: Íosa Críost – tá sé anseo . . .

STIOFÁN Ó LÚING: Cad – ?

(Imíonn an tEAGARTHÓIR de sciuird as an seomra)

BREANDÁN Ó LÚING: 'Chríost, bí cúramach . . . cad tá ort?

STIOFAN Ó LÚING: *(Go páistiúil)* Dhoirt sé mo chúid fíona orm. Féach mo bhloody blazer . . . loite aige. Bhfuil sé 'pissed' nó cad tá air?

BREANDÁN Ó LÚING: Tá lá den tseachtain de dhíth air if you ask me.

STIOFÁN Ó RUAIRC: N'fheadar an mairfidh an páipéar in aon chor?

BREANDÁN Ó LÚING: Is deacair a rá. Bíonn brú uafásach orthu.

STIOFÁN Ó RUAIRC: Bhuel is cuma liomsa má theipeann air – ach léirmheas ar 'Imeall an Cheo' a fhoilsiú roimh ré.

BREANDÁN Ó LÚING: Tú féin is do chuid ceo! Cathain a stopfaidh tú?

STIOFÁN Ó RUAIRC: Cad tá anois ort?

BREANDÁN Ó LÚING: Cathain a stopfaidh tú? An bhfuil galar éigin ort go mbíonn ort leabhar nua a chur amach in aghaidh na bliana?

STIOFÁN Ó RUAIRC: Agus cén galar a bhí ortsa gur scríobh tú féin léirmheas orthu go léir!

BREANDÁN Ó LÚING: Iarrtar orm iad a scríobh. An dóigh leat go ndéanfainn é as mo stuaim féin, ar mhaithe le craic?

STIOFÁN Ó RUAIRC: Tá's ag an saol gur ar mhaithe le *booze money* a scríobhann tú – ná bí ag ligean ort go gcreideann tú sa léirmheastóireacht.

BREANDÁN Ó LÚING: *Booze money* a deir tú? Bíodh a fhios agat nach bhfuair éinne oiread is pingin amháin ó Amanathar ó mhí Aibreáin seo caite.

STIOFÁN Ó RUAIRC: Sin . . . cúig mhí; ní raibh fhios agam é sin. Cén méid atá ag dul duit?

BREANDÁN Ó LÚING: Seachtó . . . ochtó punt . . .

EAGARTHÓIR: Níl sé ann! Níor fhreagair sé an glao. Tá rud éigin an-aisteach ag tarlú . . . níor tháinig sé!

STIOFÁN Ó RUAIRC: Cé nár tháinig? Cad tá ort?

EAGARTHÓIR: An Cinnéideach. Fear na UFOnna . . .

MÁIRE: *(Imníoch)* 'Éamoinn, bhfuil – ?

EAGARTHÓIR: Na rudaí beaga oráiste . . .

STIOFÁN Ó RUAIRC: Rudaí beaga – ?

BREANDÁN Ó LÚING: Faigh cathaoir dó ansin. Éamoinn, suigh síos.

EAGARTHÓIR: *(Mearbhall air)*

Cé mé
N'fheadar?
Ulchabhán sa cheo . . .
Set-up! Friggin' *set-up* ab ea é!
Ag bualadh bob orm a bhí siad an t-am go léir!
(Ciúnas. Monabhar corraitheach arís, sciotaraíl, gloiní . . . éagann na glórtha . . . fuaim na gclóscríobhán arís, fuaim an chitil ag crónán, glao guth//áin)

MÁIRE: Amanathar?

? Ceisteanna Tuisceana

1. Cén fógra atá le cur ar an nuachtán?
2. Cé hiad na daoine atá go obair san oifig?
3. Tá atmaisféar aerach an ghrinn san oifig. Cá bhfios duit?
4. Cá raibh Mac Giolla Rua ag obair?
5. Cén fáth a mbeidh siad in óstán Buswells ag 5.30?
6. Cén obair a thug an t-eagarthóir do Bhreandán sa Ghúm?
7. Cén bhaint atá ag an Yorkie bar leis an scéal?
8. Cén fáth ar ghlaoigh Stiofán Ó Ruairc ar an eagarthóir?
9. Cén buntáiste a bhain le Breandán Ó Lúing mar léirmheastóir maidir leis an eagarthóir? Cad a cheap Stiofán Ó Ruairc faoi seo?
10. Cad a dúirt an t-eagarthóir faoi na réaltaí?
11. Cén fáth nár fhág Máire agus an t-eagarthóir cúnta an oifig leis an eagarthóir?
12. Cén fáth ar chaith an t-eagarthóir an t-alt faoi na caoirigh móra i gCorr na Móna sa bhosca bruscair?
13. Cé na moltaí a bhí acu chun leathanach na litreacha a líonadh?
14. Cén scéal mór a bhí ag teacht ó Bhaile Bhlainséir?
15. Conas a chuir an t-eagarthóir cúnta ar thóir an scéil arís iad?
16. Bhí fonn ar Mháire dul go Buswell's. Cén fáth?
17. Conas a ghlac an slua leis an dán as "Imeall an Cheo"?
18. Conas a bhí an léirmheas ullamh chomh tapa ag Breandán Ó Lúing?
19. Cén fáth ar imigh an t-eagarthóir de sciuird as an seomra nuair a chuala sé an fógra poiblí?
20. Cén meas atá ag Breandán ar an bhfile Stiofán Ó Ruairc?
21. Cén meas atá ag Ó Ruairc ar Bhreandán mar léirmheastóir?
22. Cén bob a buaileadh ar an eagarthóir?

! Cíoradh

1. Céard a cheap tú faoi obair na hoifige sa dráma seo? An raibh an t-atmaisféar réadúil? An raibh eitic oibre ann dáiríre? An dtugann sé léargas fíor ar shaol eagarthóra dar leat?
2. Déantar go leor magaidh faoi lucht na nuachtán agus faoi dhaoine eile sa dráma seo – déan liosta de na giotaí is fearr, dar leat.
3. Cén deacrachtaí a bhíonn ag lucht na nuachtán ó lá go lá, dar leat?
4. Ar mhaith leatsa bheith i d'iriseoir don pháipéar áitiúil?
   Cén fáth?
5. Mar dhráma raidió a scríobhadh *Amanathar* ar dtús. Don chluas a scríobhtar drámaí raidió. Féach ar na háiteanna sa dráma seo ina spreagtar cluas agus samhlaíocht an éisteora.

Seanchas agus Creideamh san Iarthar

Meta Uí Mháille

Bhí misinéara mór a thagadh thart chuile chúpla bliain. Father Connolly a bhí air agus b'as Árainn dó. Bhí fíorfhaitíos ar na daoine roimhe. Chuir sé deireadh le ceol sna tithe agus le déanamh poitín agus le haon chaitheamh aimsire a bhí ag na daoine.

Chuir sé ar dhaoine a gcuid ábhar déanta poitín a thabhairt go teach an phobail le briseadh is le dó, agus thugadh sé daoine suas ar an altóir ag déanamh sampla dhóibh os comhair an phobail, mar gheall ar oíche cheoil nó ar *turn* poitín.

...... *fearas*

Bhíodh oíche ansin nach raibh feiliúnach do ghasúir, sin an oíche a dtug sé faoi na cailíní is na buachaillí óga.

Bhí m'uncail ag inseacht dhom nach raibh aon suíochán i dteach an phobail an t-am sin agus daoine tar éis siúl tamall fada ina dtroscadh agus iad ina seasamh ansin ar feadh cúpla uair a' chloig ag éisteacht leisean ag béiceach agus gan fhios acu cén fáth.

...... *séipéal*

...... *gan bia*

Bhí Pat Dharach a' Craith ag rá gur dhúirt sé oíche i dteach an phobail, an chéad duine eile a bhéarfadh ar bhuidéal poitín go ngreamódh sé dhá lámh.

Bhí Pat tar éis *turn* poitín a dhéanamh sul má tháinig an misean, agus bhí cúpla buidéal coinnithe aige le haghaidh baiste, mar go raibh a bhean ag súil le páiste.

An oíche a rugadh an páiste, chuaigh Pat amach ag iarraidh ceann de na buidéil le braon *punch* a dhéanamh do chúpla bean as an mbaile a tháinig ag tabhairt cúnaimh.

Nuair a bhí Pat ag dul ag breith ar cheann de na buidéil chuimhnigh sé ar an rud a dúirt Father Connolly agus bhuail faitíos é. Ní raibh a fhios aige beo céard ab fhearr dhó a dhéanamh. Bhí sé píosa mór ag iarraidh a intinn a dhéanamh suas, céard a dhéanfadh sé. Dúirt sé sa deireadh go gcaithfeadh sé a chaipín leis an mbuidéal. "Má ghreamaíonn sé do mo lámh," a deir sé, "greamóidh sé do mo chaipín." Ar ndóigh, níor ghreamaigh agus ní mórán airde a thug sé ar a raibh le rá ag Father Connolly riamh ina dhiaidh sin.

...... *tamall fada*

Seo scéal eile a chuala mé faoi leaid óg a chuaigh lá ag faoistin. Ní raibh duine ar bith i dteach an phobail roimhe, agus nuair a chuala sé cúpla seanbhean ag teacht, chuaigh sé isteach sa mbosca faoistine. Chuaigh na mná chuig faoistin aige, bhí siad ag ceapadh go mba é an sagart a bhí ann. Is é an breithiúnas aithrí a chuir sé ar dhuine acu ná seacht bpunt féir a ithe. Bhí chuile rud ceart nó go ndeachaigh an bhean chuig faoistin arís, agus gur dhúirt sí leis an sagart go raibh aiféala uirthi ach an breithiúnas aithrí a chuir sé uirthi ag an bhfaoistin dheireanach, nach raibh sí in ann é a dhéanamh, gur ith sí ceithre phunt féir ach gur chinn an trí phunt eile uirthi.

...... *pionós*

...... *brón*

...... *theip*

Fuair an sagart amach an leaid óg agus chuir sé iallach air siúl ar a ghlúine naoi n-uaire timpeall theach an phobail.

(As an leabhar *Idir Mná*)

? Ceisteanna

1. Cén tionchar a bhí ag an misnéir mór ar na daoine?
2. Bhí an séipéal difriúil fadó. Conas?
3. Conas a chuir an misnéir imní ar Phat Dharach a' Craith?
4. Conas a réitigh Pat an scéal?
5. Cá bhfios duit go raibh an sagart ar buile nuair a chuala sé faoin leaid óg i mbosca na faoistine? Cad a cheap an tseanbhean faoin scéal, dar leat?

Cúis Gháire Chugainn!

Nioclás Breathnach

An Mála Plúir

Duine simplí ba ea Micil agus bhí Cáit pósta leis. Ní raibh splanc chéille ag an bhfear bocht agus bhí Cáit cráite go maith aige – ag iarraidh é a chur ar a leas ach theip uirthi. *... ar an mbóthar ceart*

"Caithfidh tú dul go dtí an baile mór faoi dhéin plúir, a Mhicil," arsa Cáit leis maidin, nuair a bhí an bricfeasta ite acu.

"Rachaidh mé," a dúirt Micil agus d'imigh sé leis ag marcaíocht ar an asal.

Nuair a shroich sé an baile mór, cheangail sé an t-asal lasmuigh den siopa agus cheannaigh sé an mála plúir, leathchéad meáchain a bhí ann. Chuaigh sé ar mhuin an asail ansin agus an mála plúir ar a dhroim féin aige.

Bhí Cáit ag feitheamh leis ag an ngeata sa bhaile agus ba ghearr go bhfaca sí ag teacht é. Chuaigh sí amach ina choinne an bóthar. *... fanacht*

"Cén fáth nár chuir tú an mála plúir ar dhroim an asail?" arsa sí le Micil.

"Bheadh an meáchan róthrom don asal bocht," a dúirt Micil.

Ní dúirt Cáit dada ach chroith sí a ceann go míshásta is d'imigh sí isteach abhaile.

"Imeoidh mé liom," a dúirt sí, "agus ní stopfaidh mé go brách go bhfaighidh mé leathamadán eile níos measa ná thú."

D'imigh sí léi agus d'fhág sí Micil i mbun soláthair dó féin. *... ag tabhairt aire*

An Comhaireamh Cearr ...... *mícheart*

Níor stad cos le Cáit gur shroich sí teachín ceann tuí a bhí ar thaobh an bhóthair agus chuaigh sí isteach ann ag lorg greim le hithe. Bhí seisear deartháireacha istigh sa chistin agus bhí an fear ba shine díobh – Seán ab ainm dó – ag comhaireamh.

"Níl ach cúigear againn ann," a dúirt sé le Cáit, "agus ba chóir go mbeadh seisear."

"Ní thuigim é sin chor ar bith," arsa Cáit, "mar feicimse seisear agaibh ann."

"Fanaigí nóiméad," arsa Liam, an deartháir ab óige, "agus déanfaidh mise an comhaireamh."

Thosaigh sé ag comhaireamh ach ní bhfuair seisean ach cúigear, dála an duine ba shine – dhearmad sé é féin. Bhí siad go léir go mór ...... *cosúil leis*
trí chéile mar bhí deartháir ar iarraidh, dar leo. ...... *as láthair*

"Seasaigí amach ansin os mo chomhair," arsa Cáit leo, "agus déanfaidh mise an comhaireamh."

Rinne siad sin agus thosaigh Cáit ag comhaireamh. Thaispeáin sí dóibh go raibh an seisear acu ann.

"Ní gá daoibh a thuilleadh buartha a bheith oraibh," a dúirt sí ...... *imní*
leo.

Bhí siad lánsásta agus ghabh siad buíochas le Cáit. Thug siad béile breá blasta di agus ghabh Cáit buíochas leo.

"Tá gach aon duine agaibhse chomh hamaideach le Micil," a dúirt sí ina haigne féin, agus nuair a bhí an béile ite aice, bhuail sí bóthar arís.

Siúd chun siúil Cáit go bhfeicfeadh sí amadán níos measa ná Micil aici féin. Ba ghearr ar bóthar di nuair a chonaic sí fear óg agus bara rotha folamh á thiomáint aige isteach ina pháircín féir agus amach aisti, trí huaire as a chéile gan stad. B'ait léi an obair a bhí ar siúl aige.

"Cad atá tú a dhéanamh leis an mbara rotha?" arsa Cáit leis.

"Táim ag tabhairt na gaoithe isteach sa pháircín go dtriomóidh sí an féar dom. Tá sé fliuch le cúpla lá agus tá eagla orm go ndreofaidh ...... *lobhfaidh*
sé orm mura dtriomóidh mé é."

"Nach bhféadfá an féar a iompú faoin ngaoth is faoin ngrian," a dúirt Cáit.

"Níor chuimhnigh mé riamh air sin," a dúirt an simpleoir.

D'imigh Cáit léi agus ar theacht an tráthnóna bhí sí ag déanamh ...... *ag teacht go dtí*
isteach ar bhaile mór agus tháinig ocras uirthi. Bhuail sí isteach go dtí teach a bhí ar thaobh an bhealaigh mhóir. Bhí beirt dheartháireacha, Seán is Tomás, istigh agus thug siad béile deas do Cháit. Ansin lean siad den argóint.

"Mholfainn," arsa Tomás, "téad a dhéanamh ar an teach agus é a iompú ar clé."

Is amhlaidh a bhí séideán ag dul tríd an gcistin, isteach an doras cúil – doras na gaoithe – agus amach an doras béil. *...... tosaigh*

"B'fhéidir go bhfuil an ceart agat," a dúirt Seán sa deireadh.

Fuair siad téad fhada láidir agus amach leo. Rinne siad an téad go docht timpeall an tí.

"Anois", arsa Tomás, "téighse go dtí an cúldoras agus fanfaidh mise ag an doras tosaigh. Beir greim daingean ar an téad agus tarraing leat agus casfaimid timpeall an teach. Ansin ní bheidh an ghaoth isteach an cúldoras a thuilleadh orainn agus ní bheimid préachta leis an bhfuacht feasta."

Nuair a chonaic Cáit a raibh ar aigne acu, mhol sí dóibh doras na gaoithe, an cúldoras, a dhúnadh. Ghlac siad a comhairle agus d'fhág Cáit slán is beannacht acu.

Na Gréithe Ag Drithliú *...... spréacharnach*

Bhí an lá ar áilleacht agus an ghrian ag taitneamh go láidir. Isteach le Cáit go dtí an baile mór. Agus í ag dul síos cúlsráid, chonaic sí plátaí á gcaitheamh amach trí fhuinneog tí. Rith sí isteach sa teach. Bhí fear an tí istigh agus é ar a chroídhícheall ag caitheamh amach plátaí a bhí ar an drisiúr.

"Stad, in ainm Dé," arsa Cáit in ard a gutha. "Cad is cúis leis an *...... de bhéic* obair seo gan chiall?"

"Thosaigh na plátaí ag spréacharnach," arsa an fear, "agus bhí eagla orm go ndófaidís an teach; bhí orm iad a chaitheamh amach go tapa."

"A Thiarna Dia," a dúirt Cáit, "is amhlaidh a bhí an ghrian ag taitneamh orthu agus sin é an chúis a raibh siad ag spréacharnach; ní raibh baol dóite ar bith ar do theach."

"Is dócha go bhfuil an ceart agat," arsa fear an tí agus cuma bhuartha air. *...... imníoch*

"Go bhfóire Dia orainn," arsa Cáit, "tá leithéid Mhicil i ngach aon áit, de réir dealraimh." *...... is cosúil*

Agus ar aghaidh léi sa siúl.

(As an leabhar *Cleasaithe*)

! Cíoradh

1. An bhfuil aon scéalta grinn mar iad seo ar eolas agatsa?
2. Scéalta béaloidis iad seo. Cén difríocht atá idir iad agus gearrscéalta nua-aoiseacha?
3. Ar thaitin siad leat? Cén fáth?
4. Scríobh scéal cosúil leo.

CUID 3
AMHRÁIN

Cuid 3: Amhráin

Óró, 'Sé do Bheatha Abhaile

Pádraig Mac Piarais

Curfá:
Óró, 'sé do bheatha abhaile,
Óró, 'sé do bheatha abhaile,
Óró, 'sé do bheatha abhaile,
Anois ar theacht an tsamhraidh.

'Sé do bheatha, a bhean ba léanmhar,
B'é ár gcreach thú bheith i ngéibheann,
Ár ndúiche bhreá i seilbh meirleach,
'S í díolta leis na Galla.

Curfá

A bhuí le Rí na bhFeart go bhfeicfinn –
Mura mbím beo 'na dhiaidh ach seachtain –
Gráinne Mhaol agus míle gaiscíoch,
Is iad ag fógairt fáin ar Ghalla.

Curfá

Tá Gráinne Mhaol ag teacht thar sáile,
Óglaigh armtha léi mar gharda,
Gaeil iad féin, is ní Frainc' ná Spáinnigh,
Is cuirfidh siad ruaig ar Ghalla.

Curfá

(*Casta ag John Beag Ó Flatharta, **Tá an Workhouse Lán** CICD 093*)

Slán le Londain

Ciarán Ó Fátharta

Slán leat, a Londain, ba mhaith dhom agam thú,
Ach níl aon ghnaith' agam fanacht in do chré níos mó, ... *gnótha/gnó*
Tá mo chroí is m'anam is m'intinn fós i nGaillimh
Ón lá a dtáinig mé aniar, bhí rún agam filleadh siar abhaile.

Slán ag na trinsí is ag na *boss*anna géar',
Slán ag Oxford Circus is ag Leicester Square,
Ó, chuile lá bíonn an *tube* mo chrá – ag faire,
Ach tá deireadh á chur agam leis ó tharla mé fáil deis' dul abhaile.

Is iomaí féar a d'fhás trí thalamh ón lá 'dtáinig mé aniar,
Níl mé tada ar bith níos saibhre ná mar a bhí mé thiar,
Cé gur shaothraíos é, ach d'imigh sé cheal aire,
Ach b'fhearr liom go mór mór, bheith fiú agus ag fáil an *dole* thiar sa mbaile.

Slán libh, a chairde, ná bíodh oraibh buairt,
Má bhíonn sibh thiar i gConamara, tagaigí chugam ar cuairt,
Beidh fáilte is fiche romhaibhse choíche i nGaillimh,
Tá mo phleansa curtha i gcrích, is tá áthas ar mo chroí bheith ag dul abhaile.

So, slán leat, a Londain, ba mhaith dhom agam thú,
Ach níl aon ghnaith' agam fanacht in do chré níos mó,
Tá mo chroí is m'anam is m'intinn fós i nGaillimh
Ón lá a dtáinig mé aniar, bhí rún agam filleadh siar abhaile.

(*Casta ag John Beag Ó Flatharta, **Tá an Workhouse Lán** CICD 093*)

Tír na nÓg

Mac Séalaigh/Ifan/Harpwood

Fadó fadó in Éirinn, roimh theacht don nua-aois,
Bhí cónaí ann, ar an bhFiann,
Fionn 's a mhac, Oisín.
Is iomaí eachtra, a bhain leo siúd
Is iomaí casadh croí
Ach ní dhéanfar dearmad ar an lá
A bhuail Oisín le Niamh.

Curfá;
Niamh Cinn Óir, as Tír na nÓg;
Ba í an bhean ab áille gné
A chas ar Oisín Óg.
Mheall sí é le breáthacht
Mheall sí é le póg
Is mheall sí é gan aon agó
Go Tír na nÓg.

Bhí Oisín lá breá gréine, ag siúl le ciumhais na habhann,
'Measc bláthanna buí is luachra,
Taibhsíodh dó an tsamhail.
Spéirbhean ghléigeal álainn,
A d'fhág croí an laoich sin fann,
'Thug cuireadh dó go Tír na nÓg,
Chun síoraí cónaí ann.

Curfá

Tír álainn, tír na hóige,
Tír diamhair, aislingí,
Trí chéad bliain a chaith Oisín ann,
I ngrá go mór le Niamh.
Ach fonn nár fhág é choíche
Is nach bhféadfadh sé a chloí
Dul thar n-ais go hÉirinn
Go bhfeicfeadh sé í arís.

Curfá

"Ná fág an áit seo," arsa Niamh
"Ná himigh uaim, mo chroí,
Má fhágann tusa Tír na nÓg
Ní fhillfidh tú riamh."
Ach d'fhill Oisín ar Éirinn
Mar bhí fiabhras ina chroí
Is fuair sé bás os comhair an naoimh
B'in deireadh lena thriall.

Curfá

Tír na nÓg, ó Tir na nÓg,
Tír uasal na draíochta a bhí ann fadó
Féach thiar ansin í
Thiar ar fhíor na spéire
Sin an áit gur mhaith liom bheith
Sin Tír na nÓg
Tír na nÓg
Tír na nÓg!

(*Casta ag Na Fíréin, **Na Fíréin**, CEFCD 162*)

Na Mílte Bliain

Barry Ronan

Guíonn mé go dtiocfaidh an té
A shaoródh muid ó dhoimhne an éadóchais
A leasódh dúinn páirc an áir
A scaipfeadh ann mar shíol grá agus síocháin.

A leagfadh claíocha na gránach
A leagfadh anuas ballaí na claontachta
Cothrom na féinne a thabhairt do chách
Dubh is bán, cuma lag nó láidir.

Chonaic muid na tíortha céasta,
Fuil an domhain ina sruth
I dtíortha go leor
Ach cé a thug aird?

Gach croí faoi ghlas
Casta isteach air féin
A' santú fuil a chomhdhaoine
Seo anois an vaimpír.

Curfá:
An mbeidh fós na mílte bliain,
Faoi chogadh, deora is pian
Is muid ag fanacht na mílte bliain le grá,
Le grá, cé a mhúinfeas grá?

(*Casta ag Barry Ronan, **Gaelcheol Tíre**, CICD 108*)

Máirín

Barry Ronan

Tá na bláthanna ag fás sa ghairdín,
Iad chomh dathúil le háilleacht na coille,
'Siad na smointe a chuireann siad i m'aigne dhom
Iad is áille a smaoinigh mé ariamh.
Táim ag smaoineamh ar dhuine beag diaga
Atá páirteach i mo shaol gach lá
Táim ag smaoineamh ar Mháirín, mo stóirín
Ní dhéanfad dearmad ort go brách.

Chomh hóg, ar éigean sé bliana
Nuair a d'fhág tú an saol seo, an domhan
Ghlaoigh na haingil sna flaithis ort, a Mháirín,
Is muid fágtha briste le brón.
Bhí do shaol inár measc chomh gairid
Ar nós an bhlátha a fhásann ach le grian
Bhí do shaol inár measc chomh gairid
Ach maireann do mheabhair go deo.

Aingeal ag siúl taobh liom,
Thug aire dom, choinnigh greim ar mo lámh
Ach ní domsa a bhí ann an timpist le tarlú
Ach duitse, a Mháirín, mo stór.
Tá ár n-amhráin chomh beo i m'intinn
Ar nós na laethanta a chan muid iad fadó
Tá na laethanta úd chomh húr i m'intinn
Ar nós an bhlátha a fhásann gach lá.

Táim ag smaoineamh ort anois, a Mháirín,
Brónach, fós mo chroí lán le háthas
Mar táim cinnte go bhfuil tú i d'aingeal
I measc na n-aingeal, ag treorú mo shaoil gach lá
Is cloisim do ghuth chomh láidir
Is é chomh binn le guth éin óig ar chrann
Is do chabhair, mo mhisneach le seasamh
A Mháirín, a Mháirín, mo stór.

(*Casta ag Barry Ronan, **Gaelcheol Tíre**, CICD 108*)

Tá Mamaí sa Chistin

Tadhg Mac Dhonnagáin

Tá Mamaí sa chistin, tá Mamaí sa chistin
Tá Mamaí ag déanamh an dinnéir
Níl Daidí sa bhaile,
Níl Daidí sa bhaile
Tá Mamaí sa chistin léi féin

Mammy's in the kitchen
Mammy's making dinner
Daddy's not at home
Mammy's in the kitchen on her own.

Tá Mamaí sa seomra suite,
Tá Mamaí sa seomra suite
Tá Mamaí ag féachaint ar an teilifís
Tá duine éigin ag an doras,
Duine éigin ag an doras
Cnag cnag cnag a haon, dó, trí

Mammy's in the living room
Mammy's watching TV
There's someone at the door
Knock, knock knock
One, two, three.

Anois tá Mamaí sa halla,
Anois tá Mamaí sa halla,
Osclaíonn sí an doras go mall
Tá fear an phoist ag an doras
"Fáilte," arsa Mamaí, "tar isteach!"

Mammy's in the hall now
She opens the door slowly
The postman is at the door
"Welcome," says Mammy, "come in!"

Tá Mamaí sa seomra leapan
Tá Mamaí sa seomra leapan
Tá fear an phoist ann chomh maith
Bróg bróg eile a haon a dó
Bróg bróg eile a haon a dó
Ag titim ag titim ar an urlár

Mammy's in the bedroom
The postman's there as well
One shoe another shoe
One and two
Falling, falling to the floor.

Tá Daidí ar an staighre
Tá fear an phoist sa chófra
Tá Mamaí istigh faoin leaba
Ag éisteacht
"Beidh báisteach ann amárach,
Báisteach ann amárach."
Arsa an fear ar an teilifís
Sa seomra suite

Daddy's on the stairs
The postman's in the hot press
Mammy's under the bed
Listening
"Rain tomorrow
Rain tomorrow,"
Says the man on the TV
In the living room.

(*Casta ag Tadhg Mac Dhonnagáin,* ***Raifteirí san Underground*** *CICD 094*)

Preab san Ól

Riocard Bairéad
(4ú véarsa le Tadhg Mac Dhonnagáin)

Is iomaí slí sin a bhíonn ag daoine
Ag cruinniú píosaí 's ag déanamh stóir
'S a laghad a smaoiníonn ar ghiorra an tsaoil seo
Go mbeidh siad sínte faoi leic go fóill.
Más Tiarna tíre, diúc nó rí tú
Ní chuirfear pingin leat is tú ag dul faoin bhfód,
Mar sin, dá bhrí sin, níl beart níos críonna
Ná bheith go síoraí ag cur preab san ól.

Is olc an tslí sin bheith ag ardú cíosa
Ag déanamh daoirse is tacsaí mór
Ag cur na ndaoine ó theach is ó dhídean
Ní faraor atá cinnte dóibh
An té a níonn sin is dó is baolaí
A bheith in íochtar á bhruith is á dhó
Mar sin, dá bhrí sin, níl beart níos críonna
Ná bheith go síoraí ag cur preab san ól.

An long thar sáile níl clúid nó cearda
Nach gcaithfeadh cairde ar fud an domhain mhóir
Ó ríocht na Spáinne 'gus suas Gibraltar
'Gus san áit a mbíonn an Grand Signor.
Is le gach *cargo* líontar málaí
Ní choinneoidh an bás uait uair ná ló
Mar sin, a chairde, níl beart is fearr dúinn
Ná bheith mar atá muid ag cur preab san ól

Más tiarna tíre, diúc nó rí thú
Fiu más Tánaiste nó Taoiseach na tíre thú
Staitseirbhíseach, réalt teilifíse
Má tá *swimming pool* sa ngarraí ar chúl an tí
Ní rachaidh pingin leat isteach sa tumba leat
Mar sin, seo leat, siar chuig an tábhairne leat
Is cur preab san ól.

*(Casta ag Tadhg Mac Dhonnagáin, **Raifteirí san Undergroud** CICD 094)*

Tintreach agus Toirneach

Tadhg Mac Dhonnagáin

I 1966, chaith muid lá faoin staighre
I bhfolach ó fhathach na stoirme
Ba scalltáin muid istigh i nead fáinleoige
Ag comhaireamh na mílte idir sinn is an bás.

Curfá
Tintreach agus toirneach agus 'Sé do bheatha, 'Mhuire
Tintreach agus toirneach ar feadh an lae
Tintreach agus toirneach agus 'Sé do bheatha, 'Mhuire
Is méaracha mo mháthar ag slogadh clocha paidrín.

Tá Dia ár nAthair ag tógáil cistine sna Flaithis
Nach gcloiseann sibh É, a ghasúir, ag carnadh cloch,
Is chonaic mé aghaidh na Maighdine, lán gliondair
Lena naprún gorm is a citeal nua leictreach.

Curfá

Bhí ár nAthair ar Neamh ag déanamh an diabhail leis
an tintreach
Bhí ár nAthair saolta ar an mbóthar, i mbaol a bháis
A Dhia sna hAirde a chruthaigh an t-úll is an gairdín
Éist linn abhus do d'adhradh faoin staighre.

Curfá

(*Casta ag Tadhg Mac Dhonnagáin,* ***Raifteirí San Underground*** *CICD 094*)

Raifteirí san Underground

Tadhg Mac Dhonnagáin

Ag siúl tríd an Underground
500 troigh faoi London Town
Siúd é, a thóin le balla
Ag seinm ceoil do phócaí folmha
Féile Bhríde caite le ráithe
Is tá Raifteirí fós i bhfad ó bhaile.

Ní aireofá an tEarrach i do thimpeall
Thíos anseo san Underground
Ní aireofá an lá ag dul chun síneadh
Thíos anseo san Underground
Súile gan solas taobh thiar de spéaclaí gréine
Scilling eile caite isteach sa mbosca.

Curfá
Cill Aodáin, Coillte Mach is Clár Chlainne Mhuiris
Ceolann Raifteirí a liodán dóchais (2)

Cill Aodáin an baile a bhfásann gach ní ann
An neantóg go fairsing is buachallán buí
Buachallán buí ann.

Ag siúl tríd an Underground
500 troigh faoi London Town
Féile Bhríde á caitheamh leis na blianta
Is tá Raifteirí fos i bhfad ó bhaile.

*(Casta ag Tadhg Mac Dhonnagáin, **Raifteirí san Undergound**, CICD 094)*

Cosúil leat Féin

Seán Ó hÉanaigh

'Bhfaca tú an cailín draíochta,
'Tháinig amach ón gcaisleán ríoga,
Cosúil, cosúil leat féin,
Cosúil, cosúil leat féin,
Cosúil leat féin, cosúil leat féin.
Chas sí ceol ar nós cheol na sí,
Chas sí é de ló 'gus d'oí',
Cosúil, cosúil leat féin,
Cosúil, cosúil leat féin,
Cosúil leat féin, cosúil leat féin.

Curfá
Cosúil leat féin, bhí a gruaig ar nós dhath an choirce,
Bhí a béal chomh dearg leis an rós,
Cosúil leat féin, bhí a glór ar nós ghlór na n-éanlaithe,
Agus a póg, thug sí dom na mílte póg . . .

An bhfaca sibh an cailín draíochta,
A tháinig amach ón gcaisleán ríoga,
Cosúil, cosúil leat,
Cosúil, cosúil leat féin,
Cosúil leat féin,
Cosúil leat féin,
Cosúil leat féin, cosúil leat féin.

(*Casta ag Éinniú,* ***Éinniú*** *CICD 086*)

Cá raibh tú Aréir?

Colm Mac Séalaigh

Níl 'fhios ag mo ghrá geal
cá raibh mé aréir
níl 'fhios ag mo ghrása
cad dúirt mé aréir
mar ní le mo leannán
a bhíos-sa aréir
ach in uaigneas i m'aonar
is mise liom fhéin.

Is dá mbeinn le mo ghrá bán
san oíche aréir
chuimhneoinn ar gach siolla
a thiocfadh óna béal:
an comhrá a bhí agam
ní cuimhin liom é
mar ní le mo leannán
a bhíos ag plé.

Cá raibh tú aréir?
an raibh tú leat fhéin?
Nuair a dhún tú do shúil'
an bhfaca tú mé?
Cá raibh tú aréir?
Rachainn thar sáile
rachainn thar toinn
dá n-iarrfása ormsa
imeacht leat fhéin.
Ach idir an dá linn
scríobhfadsa síos
an comhrá mór fada úd
nach raibh againn aréir.

Cá raibh tú aréir
an raibh tú leat fhéin?
Nuair a dhún tú do shúil'
an bhfaca tú mé?
Cá raibh tú aréir?
Bhí mise liom fhéin
is tú i do luí
faoi chlúmh na n-éan.

(*Casta ag Éinniú, **Éinniú** CICD 086*)

Daoine

Seán Ó hÉanaigh

Bhreathnóinn ortsa d'oíche is ló,
Ach ní bhreathnaíonn tú orm níos mó, ó *no;*
Is cosúil go raibh mé dall, mar is léir go bhfuil do
ghrá le fáil, ó, ó, . . .

Curfá:
Daoine, daoine ag smaoineamh, daoine ag caoineadh,
Daoine iad faoi bhrón, ó, ó, ó . . .
Daoine, daoine ag smaoineamh, daoine ag caoineadh,
Daoine ag imeacht romhaibh . . .

Bíodh trua agat do mo chás
Abair liom go bhfuilim fós sa rás, ó mo stór,
Tuigeann mé do thrioblóid, billí, cairde agus morgáistí,
ó mo bhrón . . .

Curfá

Bíonn daoine le chéile le siúl thríd an gceo,
Bíonn daoine le chéile d'oíche 'gus ló . . .

Daoine, daoine ag smaoineamh, daoine ag caoineadh,
daoine iad faoi bhrón, ó, ó, ó . . .
Daoine, daoine ag smaoineamh, daoine ag caoineadh,
Daoine iad ag imeacht romhaibh . . .
Daoine, daoine, daoine.

(*Casta ag Éinniú,* ***Éinniú*** *CICD 086*)

Dífhostaithe

Colm Mac Séalaigh

Tá mé naoi mbliana déag
Tá mé réidh leis an scoil
Tá brí is fuinneamh ionam,
Ach níl aon phost agam.
Tá mé dífhostaithe.
Táim folláin go leor
Tá mo chloigeann *alright*!
Táim ag tarraingt an *dole*
Mar níl aon phost agam.
Tá mé dífhostaithe.

Curfá:
An bhfuil duine ar bith amuigh ansin
a thiocfadh i gcabhair orm?
An bhfuil duine ar bith amuigh ansin
a thiocfadh i gcabhair orm?

Tá mé ceithre bliana fichead.
Tá céim ón ollscoil agam.
Fuair mé oiliúint daor
Ach níl aon phost agam.
Tá mé dífhostaithe.
Is innealtóir mé
D'fhéadfainn obair go crua.
Tá an fonn sin orm
Ach níl aon phost agam.
Tá mé dífhostaithe.

Curfá

Tá mé caoga bliain d'aois
Tá mé ag sileadh na ndeor.
Deineadh iomarcach mé
'Nois níl aon phost agam.
Tá mé dífhostaithe.

Curfá

(Casta ag Na Fíréin, ***Na Fíréin*** *CEFCD 162)*

Is Tú Mo Chiaróg

Tadhg Mac Dhonnagáin

Nuair a chuimhním ar do cholainn
Cuimhním ar Chnoc Bhréanainn
Feicim Oileán Acla i do shrón
Breathnaím i do shúile
Feicim tonnta Thoraí
Aithním thú a stór, is tú mo chiaróg.

Curfá:
Fógraím don saol mór gur tú mo mhuirnín
Anois, inniu, amárach is go deo,
Mar is tusa an cnoc glas atá i bhfad i bhfad uaim
Aithním thú, a stór, is tú mo chiaróg.

Is tú mo bhinsín luachra
Is tú mo staicín eorna
Is tú mo mhála fataí i lár an ghorta mhóir
Is tú m'fhóidín móna
Is tú m'fhóidín mearaí
Nach dtuigeann tú gur tú mo smugairle róin.

Curfá

Is tú an gad is gaire do mo scornach
Is tú an chloch is mó ar mo phaidrín
Is tú an chaor a lasann mo chroí is mo phíopa cré
Is tú mo Phota Pádraig
Is tú mo phota gliomach,
Ach thar gach ní, is tú an gleann inár tógadh mé.

Curfá

(*Casta ag Tadhg Mac Dhonnagáin*, ***Solas Gorm*** *CEFC 139*)

Cóilín Phádraic Shéamais

Pádraig Ó hAoláin

Ó saolaíodh thú is mairg a rá
Go raibh an long anonn i ndán duit –
Bhí sé romhat de shíor go mbeifeá lá
I measc na n-imirceánach.
Níl maireachtáil ag baile dhuit,
Ní thusa féin is cáinte
Ach an dream a d'fhág tú thiar díomhaoin
Ag stracadh leis an nganntan.

Curfá:
Tá long ag dul anonn inniu
A Chóilín Phádraic Shéamais,
Agus imigh leat thar sáile anonn,
Mar a bhfaighidh tú luach do shaothair.
Ag sclábhaíocht is ag sluaisteáil cré,
Ó éirí go luí na gréine,
A bheas tú thall i dtír na nGall,
A Chóilín Phádraic Shéamais.

Is iomaí lá breá gréine
A chaith tú ar bheagán buartha,
Ag fiach i measc na gcnocán glas
Nó ag iascaireacht sna cuanta.
Ba ghaiscíoch ins an gcurrach thú,
Is tú 'sháródh an gála,
Is ba bhinne leat ná ceol na bpíob
Gíoscán na maidí rámha.

Curfá

Ní fheicfidh tú arís go deo
Do chairde ná do ghaolta,
Is ní scarfaidh tú aríst go brách
An mhóin ar thaobh an tsléibhe.
Fág slán ag cladach, is ag sliabh,
Fág slán ag Conamara;
Mar ní fhillfidh tú go deo na ndeor,
Ar do thír ná ar do bhaile.

Curfá

(*Casta ag Pádraig Ó hAoláin & Banna Ceoil an Údaráis*, ***Croch Suas É Aríst!***, *CIC 010*)

An Cailín Álainn

Tomás Mac Eoin

Tá cailín álainn a dtug mé grá dhi,
'Sí is deise is áille ná bláth is ná rós,
Gan í ar láimh liom is cloíte atá mé,
Ó, a chailín álainn, is tú fáth mo bhróin.

Curfá:
A chailín álainn a dtug mé grá dhuit,
Bí ar láimh liom, mo mhíle stór,
Abair liomsa gur tú mo ghrá gheal,
Beidh orm áthas in áit an bhróin.

Nuair a éirím amach go huaigneach,
Siúd é an uair is mó mo bhrón,
Bím ag smaoineamh ar an gcailín uasal,
Atá i bhfad uaimse, mo chreach is mo bhrón.

Curfá

Dá dtiocfá liomsa, a chailín álainn,
Aríst go brách ní bheadh orm brón,
Sheinnfinn ceol dhuit mar cheol na cláirsí,
Nó ceol binn smóilín is an drúcht geal ceo.

Curfá

(*Casta ag Tomás Mac Eoin, **Le Fiche Bliain Anuas**, GTD 088*)

Subway
S. E. Ó Cearbhaill

Huppity hup
i Nua-Eabhrac na Féile
an domhan is a mháthair
ag imeacht le chéile
i *subway* dúnta, dubh, gan aird
sairdíní brúite i gcannaí stáin
ag seoladh in éindí thíos faoin tsráid;
is na daoine thuas ag déanamh gnó
i ngan fhios do shochraid na daoine beo
thíos go doimhin faoi chraiceann an talaimh
ina mílte 's na mílte ag filleadh abhaile:
daoine dubha is daoine buí
daoine bána is roinnt leath slí,
daoine ina seasamh, daoine ina suí
i ngreim le greim ar chuile ní:
ar pholla, ar bhinse, ar ingearán
ar mhála, ar chóta, ar a gcuid nuachtán
nár léadh fós go hiomlán;
daoine ag stánadh i ngach uile threo
ar fhógraí, ar bhallaí, ar ghraifití beo;
brúite le chéile, grua le grua
is is foscaoilteoir canna gach stáisiún:
scaoiltear na mílte amach le dua
is líontar arís an canna le slua.
Seo iad na daoine, ina mílte 's ina mílte
ag filleadh gan focal ar theach is ar mhuintir;
ag filleadh abhaile i ndeireadh an lae
is ag smaoineamh an bhfuilid in am don tae.

Bealtaine 1988